图书馆服务模式构建与实践研究

肖 倩 卢 峥 曹海蓉 著

吉林文史出版社

图书在版编目（CIP）数据

图书馆服务模式构建与实践研究 / 肖倩，卢峥，曹海蓉著. -- 长春：吉林文史出版社，2024.8. -- ISBN 978-7-5752-0576-4

I. G252

中国国家版本馆 CIP 数据核字第 2024JE2584 号

图书馆服务模式构建与实践研究
TUSHUGUAN FUWU MOSHI GOUJIAN YU SHIJIAN YANJIU

出 版 人　张　强
著　　者　肖　倩　卢　峥　曹海蓉
责任编辑　陈春燕
出版发行　吉林文史出版社
地　　址　长春市福祉大路 5788 号
邮　　编　130117
电　　话　0431-81629364
印　　刷　长春市华远印务有限公司
开　　本　787mm×1092mm　1/16
印　　张　11.25
字　　数　250 千
版　　次　2024 年 8 月第 1 版
印　　次　2025 年 1 月第 1 次印刷
书　　号　ISBN 978-7-5752-0576-4
定　　价　78.00 元

前　言

　　"书犹药也，善读之可以医愚"，阅读使人增长智慧；"书卷多情似故人，晨昏忧乐每相亲"，阅读让人身心愉悦；"世上几百年旧家无非积德，天下第一好事还是读书"，阅读助人修身养性。在知识经济勃兴的今天，阅读不仅可以决定一个人的最终高度，更是一个民族复兴、持续发展，最为基础、最为关键的力量之一。阅读是人民群众最基本的文化权利，也是最为普遍、最为持久的文化需求。目前，人民群众的文化需求和消费正进入一个旺盛期。开展全民阅读活动纳入社会主义文化强国的建设内容，全民阅读正受到越来越多的瞩目。"倡导全民阅读，建设学习型社会，提高国民素质"旨在提高我国文化创作软实力，既是社会精神面貌的反映，也是国家综合国力的直接体现，体现了提升中华民族整体素养的时代要求和文化自信，更为全面深化改革时期的政治、经济、社会发展增添了文化底蕴。

　　目前，我国国民的阅读热情高涨、阅读群体扩大、阅读方式多样化，对阅读资源和阅读活动需求均呈增长趋势，关注图书馆阅读服务发展十分重要，这是社会发展和国民阅读的必然要求。

　　图书馆作为文献信息中心，以服务社会、服务读者为根本宗旨。图书馆的基本职能就是直接或间接地满足读者需求。因此，图书馆各项工作的出发点和归宿点都应立足于服务。可以说，服务是图书馆存在的前提，是检验图书馆办馆效益的标准，也是评估图书馆工作的重要指标。一个图书馆的魅力，不在于它有多少藏书，而在于它的人性化服务理念是否先进，在于它的服务质量和服务方向。

　　随着以网络为中心的计算机技术、通信技术、数字信息化技术的迅速发展，计算机网络以其强大的信息检索能力使得信息的传递、获取进入了全新的网络时代。搜索引擎等网络工具的不断强化与网络资源的日益丰富，改变着人们获取信息资源的方式和习惯。用户获取信息的渠道和方式日益多元化，给图书馆服务带来了强大的冲击，使图书馆的传统优势地位面临着严峻的挑战。

　　但另一方面，各项新型信息技术在图书馆的广泛应用，使图书馆服务也呈现出一些新的特点，比如服务理念的信息化、服务内容的知识化、服务载体的网络化、服务方式的多元化、服务态度的主动化等。为此，本书主要探讨现代图书馆服务的理论和实践，使之在新的环境下快速发展，跟上时代的发展步伐。

本书以现代图书馆服务为主题，以服务创新为视角，从图书馆服务的概念与发展、本质与特征、服务理念、服务组织和方式等方面剖析现代图书馆服务的基本理论，在此基础上，探讨现代图书馆服务组织与资源，重在体现现代图书馆的个性化服务、参考咨询服务、移动阅读服务，最后探索现代图书馆的图书资料管理与服务创新。书中内容多源于图书馆的实际工作，可读性和实用性较强，所提出的观点和模式，对读者了解图书馆服务现状和发展前景有一定参考价值。

笔者在撰写本书的过程中，得到了许多专家学者的帮助和指导，在此表示诚挚的谢意。由于笔者水平有限，加之时间仓促，书中所涉及的内容难免有疏漏之处，希望各位读者多提宝贵意见，以便笔者进一步修改，使之更加完善。

内容简介

　　本书首先通过对图书馆的概念、构成及其发展，我国现代图书馆类型进行阐述，让读者对现代图书馆获得一个基本认知。本书以现代图书馆服务为主题，以服务创新为视角，从图书馆服务的概念与发展、本质与特征、服务理念、服务组织和方式等方面剖析现代图书馆服务的基本理论，在此基础上，探讨现代图书馆服务组织与资源，重在体现现代图书馆的个性化服务、参考咨询服务、移动阅读服务，最后探索现代图书馆的图书资料管理与服务创新。本书力图找到理论与实践的结合点，从根本上提高书馆阅读推广与信息服务效能建设的整体水平，为读者创设更加舒适的阅读空间和阅读体验，有效推动市民文娱生活。书中内容多源于图书馆的实际工作，可读性和实用性较强，所提出的观点和模式，对读者了解图书馆服务现状和发展前景有一定参考价值。

目　录

第一章　现代图书馆服务的理论基础

在知识经济成为社会经济主流的新时代，知识总量不断增长、知识应用不断扩展和创新，随之而来的，用户对知识的需求也发生了很大的变化。从以往希望准确、高效地获取和利用信息的需求转化为对信息内容、知识的渴望，这就给以为用户服务为根本宗旨的现代图书馆带来巨大挑战，为了在知识迅速增长的现代社会生存下来，并不断与互联网及其他一些现代化的信息服务平台开展竞争，现代图书馆必须转变思想观念，树立服务意识，不断提升图书馆的服务水平。

第一节　图书馆服务的基本概念

服务是图书馆的基本宗旨，是贯穿图书馆发展的主线，是图书馆的核心价值观内容之一，因此推行图书馆服务也就成为知识经济时代的一个必然。而要推行图书馆服务，必须先对服务与图书馆服务有一个基本的了解，本节就对其进行阐述。

一、服务

一般来说，人们认为服务是为集体（或别人）的利益或为某种事业而工作，如"服务行业"，"他在邮局服务了三十年"等。但对其更深一层的含义，尚没有一个大家普遍能接受的定义，国内外学者们从不同角度对服务进行了定义。例如，美国营销学会（AMA）对服务的定义为：用于出售或者是产品连在一起进行出售的活动、利益或满足感。泽丝曼尔（（ValarieA.Zeithaml）认为服务"包括所有产出为非有形产品或构建品的全部经济活动，通常在生产时被消费，并以便捷、愉悦、省时、舒适或健康的形式提供附加价值，这正是其第一购买者必要的关注所在"。维基百科认为：服务在字义上来说是履行某一项任务或是任职某种业务，在中文地区以及法国等，也将它当作为公众做事，替他人劳动的含义。其他一般西洋地区的这句话是个用语，涵盖所有在买卖过程后不会有物品留下，提供其效用来满足客户的这类无形产业。综合这些理论认知，我们认为，服务是一种复杂的社会现象，涵盖了从内部服务到外部服务、个人服务到产品服务，甚至还可以更广泛。一台机器是实物产品，但是，一旦加进了顾客要求的设计，它就成为一种服务。服务不仅是一种无形的特殊活动，而且更是一种观念，它的实质是更好地与消费者沟通，挖掘消费者现有的或潜在的需求，并最大限度地满足需求，获得利润、创造财富，取得竞争力。

二、图书馆服务

图书馆是为用户提供知识服务的重要平台。在知识经济运行机制中，图书馆是立于国家创新体系的中介机构。无论是知识教育、知识开发还是知识运用都离不开图书馆。它汇聚着历史的和当代科学技术的最新成果，它既是国家知识储存宝库的主要组成部分，又是知识信息传播、知识交流的重要渠道和信息中心。因此，为用户提供知识、信息服务便成为图书馆的重要任务。而要了解图书馆服务，首先要对什么是图书馆服务有一个了解。

对概念的了解有助于人们对事务的客观认识。因此，对图书馆服务的认识要首先从图书馆服务这个概念开始。在图书馆管理的诸项工作中，图书馆服务是图书馆工作中最重要的组成部分，是连接图书馆与读者之间的桥梁。图书馆服务通常被认为是图书馆读者服务的代名词，甚至很多时候与图书馆读者工作混为一谈。但实际上图书馆服务这个概念的内涵与外延要远大于这两个概念。

从其概念的界定上来看，目前学术界对图书馆服务的概念界定是众说纷纭，处于不完全确定阶段。例如，武汉大学图书馆学系党支部书记袁琳认为，图书馆服务是根据读者的文献信息需求，充分利用图书馆资源直接向读者提供文献和信息的一系列活动，并把读者服务、读者工作和图书馆服务三者基本等同起来。北京大学图书馆学专业博士生导师吴慰慈则认为，图书馆服务是用户服务工作、读者服务工作的同义词，他将图书馆文献的使用和服务工作以及用户发展、用户研究、用户培训等一系列工作都归入图书馆服务的范畴。图书馆学者毕九江认为，图书馆服务简单来说就是为满足读者的信息需求而开展的各项工作，除此之外，这项工作还应包括图书馆的服务理念、服务质量、服务环境，以及在图书馆服务过程中工作人员的业务能力、服务态度等。

从这些学者对图书馆服务的概念界定来看，他们将图书馆服务的几个结构要素都归纳了出来：首先，图书馆服务的对象是以读者为主体的社会各种组织和个人。其次，图书馆服务的开展以文献信息资源、人力资源、设施资源以及其他一切可以为社会和个人所利用的资源为基础条件。再次，图书馆为用户提供以文献信息为主，包括其他各种需求的服务。最后，图书馆服务实现的前提条件就是满足社会和用户需要的各种服务手段和方式。综合这四点，我们认为，图书馆服务实际上就是为满足社会群众的信息等多方面的需求，以自身的信息资源为基础开展的多项服务工作。这一定义，既符合目前图书馆服务工作的实际，又符合图书馆服务功能开放性发展的趋势，具有一定的前瞻性。

三、图书馆服务的发展

图书馆服务经历了从封闭到开放，从仅提供一次文献到提供一、二、三次文献服务，从借阅服务到参考服务，从坐等服务到主动推进服务，从信息服务到知识服务，从完全无偿服务到出现有偿服务，从按时服务到即时服务，从在馆服务到多馆服务、馆外服务，从在线服务到全球服务的漫长历史过程。

从历史上来看，雅典出土的古希腊一个图书馆的墙壁上曾发现刻有"不得将图书携出馆外"的阅览规则便已经说明，大约在公元前6世纪的西方便已经出现了图书馆服务，只不过当时的图书馆服务主要集中体现在图书借阅上，且其服务主要针对的是少数权贵。这一情况延续到了中世纪，在修道院基础上发展起来的大学图书馆也是只针对贵族开放图书借阅权。进入17世纪以后，德国图书馆学家C.诺德提出图书馆不应只为特权阶层服务，应该向"一切愿意来图书馆学习的人开放"，服务时间也相应地延长。在他的倡导下，马萨林图书馆率先面向群众开放，此后图书馆服务才真正开始面向公众。

第二次世界大战以后，随着图书馆事业的迅速发展，图书馆服务的内容和方式日益多样化，影响越来越大，一些国家开始制定图书馆服务方面的法律、法规，如美国的《图书馆服务法》等，这些法律、法规推动图书馆服务向规范化、法制化发展。20世纪中期以后，许多国家努力实现图书馆资源共享，广泛开展馆际协作，向各类型用户提供深入、系统和便捷的文献和情报服务。

就我国来说，在漫长的古代社会，"保存藏书"一直是图书馆的主要功能，很少对外开放服务。直到辛亥革命以后，随着公共图书馆的建立，图书馆的服务对象逐渐扩大，如京师通俗图书馆设置新闻阅览室、儿童阅览室，并在一些县设立巡行文库。中华人民共和国成立以后，公共图书馆、高等学校图书馆、科学技术图书馆等各类型图书馆分别根据文化部、教育部和科学院等部门制定的图书馆条例中的有关规定，通过阅览、外借、复制、参考咨询、文献检索、宣传报道、定题情报提供、情报分析等方式，广泛地为人民服务，为经济建设、科学技术和文化教育事业的发展服务。改革开放以后，随着信息技术的快速兴起，图书馆也逐渐开始信息化工作，图书馆传统的一次文献服务形式逐渐发生了转变，它转而成为为广大用户提供包括一次文献、二次文献、三次文献、四次文献等在内的信息服务，以及其他相关服务的信息服务平台。

从以上发展历程来看，图书馆服务在图书馆的发展中也经历了自身的发展、转变，这些变化主要包括以下几个方面的内容。

（一）服务对象范围逐渐扩大

不管是世界图书馆的发展历程，还是我国的图书馆发展历程，图书馆最初服务的对象都是少数个体，如皇室、贵族、僧侣和一些学者，普通平民一方面由于知识水平有限，一方面受阶层压制，极少或不可能接受图书馆服务。近代工业文明以后，随着公共图书馆的出现，图书馆才逐渐面向公众服务。

（二）服务内容逐渐增多

在图书馆的发展历程中我们可以看到，最初图书馆为用户提供的主要是文献储藏和查阅服务，且由于社会发展水平较低，文献搜索、整理的手段落后，图书馆服务的内容单一，以至于使人们形成图书馆服务就是借借还还的简单工作。直到进入近代社会以后，随着科学技术的快速发展，人类创造信息的能力大幅度增加，图书馆的信息储备量也随之增加，再加上信息技术的快速发展，图书馆服务的内容不断扩展，除了传统信息储存与文献查阅服务之外，图书馆还向用户提供全文检索、多媒体服务、网络检索、信息咨询、科技查新等服务内容。

（三）服务手段逐渐复杂

传统的图书馆在搜集、整理文献资料时主要依靠的是人力，向用户提供信息服务也主要依靠的是人力，人需要自己动手去搜集、查阅信息。进入现代阶段以后，图书馆向用户提供服务的手段也有了很大的发展，一方面计算机等技术的运用使图书馆办公自动化成为现实，也给图书馆服务管理的手段带来了变革；另一方面虚拟现实等高新技术将图书馆服务带入一个新的阶段，这些都展现了图书馆服务手段逐渐复杂的特点。

第二节　图书馆服务的现状与挑战

在现代图书馆的建设与发展中，随着网络时代的到来，作为人类知识宝库的图书馆正在发生着深刻的变化，它不再仅仅是保存和利用图书的场所，而伴随着现代信息技术的进步与广泛应用，服务观念和服务方式发生了巨大变革，并逐步发展成为人类的知识信息中心。在其发展的历程中，现代图书馆服务也表现出以下几个方面的特征。

一、服务理念信息化

互联网时代的来临，应用现代信息技术进行服务已经成为社会的普遍认知。图书馆作为信息服务的一个重要平台，为社会群众提供信息服务是其重要的职责。而信息服务先是一种观念、一种认识和组织服务的理念，在信息化社会，产生于网络技术基础上的互联网也可以为用户提供便捷的信息服务，这就在很大程度上分流了图书馆的用户，促使图书馆必须在知识服务层面下功夫，有效地收集、组织、存贮信息资源，根据用户的需要对信息资源进行深层次开发，挖掘其中隐含的知识，提供解决问题的知识，这就使得现代图书馆在服务理念上呈现出明显的信息化特点。

二、信息载体多样化

现代图书馆兼顾着传统图书馆的文献馆藏，以及现代图书馆信息服务的两方面任务，虽然很多图书馆收藏的印刷型文献仍然是信息的主要载体，但为了向用户提供更为便捷的服务，不少图书馆都在朝着"馆藏数字化、数字化馆藏、虚拟馆藏"的方向发展。这反映在现代图书馆搜集的文献资源除了传统的印刷品之外，还有各类电子文献，如电子图书、电子期刊、网络报纸、综合性数据库、光盘、缩微型、视频文献、音像文献等。同时，不少图书馆还以网络技术为手段，将各类本地数字信息资源和网上的虚拟数字信息资源纳入馆藏信息中，通过四通八达的信息高速公路快速传递信息资源，它彻底地改变了传统的信息提供和获取方式，将分散于不同载体、不同地理位置的信息资源以数字方式存贮起来，并通过网络相互连接，实现了真正的信息资源共享，用户可以根据自己的需要，自由地访问那些适合自己的信息资源，极大地增加他们信息资源的拥有量，进而提高整个社会的信息获取能力。

三、服务虚拟化

进入网络社会以后，现代图书馆大量引入信息技术，使得图书馆虚拟馆藏资源和虚拟信息系统机制上的新型信息服务模式逐渐形成。在现代社会中，图书馆服务始终处于一个动态和虚拟的信息环境中，用户通过网络技术可以不必亲临图书馆便能获得相关的信息服务，同时图书馆也可以利用自建的数字化馆藏资源，以及各类网络交互工具和信息传输工具，为更为广泛的图书馆用户提供信息服务，而这些服务基本上是通过网络开展的，这种无形的、即时的虚拟化信息服务突破了时空限制，使得图书馆为读者提供无所不在的信息服务成为可能。

四、信息需求的个性化和专业化

在网络时代，图书馆不单单是将文献资料单向传输给读者，还可以为广大用户提供知识单元信息。这就与传统的图书馆信息服务有了很大的区别：在传统的图书馆服务中，图书馆员只要告诉用户某一个问题在哪一书刊中可以找到就行了，而在网络时代，由于数字化资源和信息技术的支撑，图书馆员需要向用户提供更加快捷、更加新颖的信息服务，同时还需要对所提供的信息进行分析，以便适应用户的需求。而不同用户对信息的需求呈现出不同的特点，这就在很大程度上推动了图书馆信息服务需求的个性化和专业化发展。

五、服务态度的主动化

为用户提供文献、信息等服务是图书馆最基本的职能之一，在网络环境下，由于互联网信息技术的快速发展，网络信息搜索成为人们进行信息检索的重要方式，挤压了图书馆生存空间，这就使图书馆的服务开始由传统的被动服务向主动服务转变。这种变化主要体现在以下三个方面。

（1）图书馆的服务方式由信息储藏向信息加工和传递转变，使图书馆成为读者获取最新信息和知识的来源。

（2）图书馆开始发挥自身的信息优势，改变被动服务方式，主动参与市场竞争，树立市场观念，根据市场需求，为社会各部门提供各种信息服务。

（3）图书馆开始主动为科研服务，使图书馆成为国内外新学科、新领域、新课题、新动态、新技术成果的跟踪者和信息提供者，发挥信息的时效性，为读者特别是科研人员提供及时、准确的服务。

六、服务人员素质专业化

进入网络时代以后，图书馆在我国的经济建设、文化建设和社会发展中的作用越来越引人注目，同时社会对图书馆的要求也越来越高，图书馆的担子也就越来越重，社会对图书馆工作人员的要求也越来越高。一方面，由于信息环境和技术手段的变化，图书馆的服务工作增加了许多新的内容和技术含量，新技术已经开始影响服务水平，决定服务质量的高低。因此，图书馆服务人员必须不断提高自己的服务素质，高素质的服务水平为用户提供高质量的服务。另一方面，网络环境下用户仍愿意使用图书馆，除了图书馆收藏大量的文献信息外，主要是用户希望得到图书馆员的帮助和专业指导，得到知识信息管理、知识导航、知识分类的能力，这要求图书馆的服务人员不断提高自己的职业素养。具体来看，图书馆服务人员应努力提高自己以下几个方面的素养。

（1）过硬的思想道德素质，图书馆是属于社会的公益事业，经济收入自然比不上其他行业，这些年来，许多图书馆从业者都将这份工作当作安置家属的好去处，使图书馆不能真正发挥作用。事实上，图书馆服务是一门具有很强文化素养要求的工作，图书馆服务人员必须要有较高的文化素养，同时要具有开拓、奉献、敬业的精神和责任感，只有这样，才能做好现代图书馆服务工作。

（2）较广的知识面，掌握情报的基本理论及相关学科知识，具有一定的信息资源整理等能力，以便更好地开展信息服务工作。

（3）除一般的文化知识和专业知识外，图书馆服务人员还应掌握计算机、网络、通信、多媒体技术。

（4）图书馆服务人员应树立服务意识，参与市场营销。

七、服务多元化

在网络环境下，通过计算机技术、远程通信技术和网络信息处理技术的应用，现代图书馆纷纷建立起自己的网络服务平台，这一方式从根本上改变了图书馆在信息资源开发、组织和控制调度方面的情况，使其能根据图书馆用户的多元化需求为其搜索、展示他们需要的信息，从而在网络中将各类信息获取方式融为一体，实现信息交流、查询、获取、阅读和发布的一站式集成化服务。在空间上，用户不仅可以到图书馆享受比以往任何时候都优越的读者服务，更可以不用亲自到图书馆，在家里或其他任何有网络的地方通过注册就可进入图书馆网页，查阅信息资源，变远距离为近距离，跨越空间的界限；在时间上，读者可以在任何时间通过有线或无线网络访问图书馆，也可以在同一个时间段内同时检索和借阅注册过的多家图书馆的资源，通过搜索、筛选，获得他认为最需要、最合适的信息资源，方便快捷。图书馆服务呈现出多元化、立体化、全天候的特征。

第三节　读者需求与服务模式的适配

一般来说，用户对图书馆资源和服务的需求是错综复杂、多种多样的，要想切实为用户提供满足他们需要的服务，图书馆就必须把"读者第一、服务至上"作为读者服务工作的宗旨，并遵循以下原则。

一、以人为本原则

在图书馆服务中，图书馆工作人员应以满足读者需求为核心，以积极的服务态度和认真的服务精神，通过各种措施，调动一切力量，为读者充分获取和利用图书馆各种信息资源提供一切方便，这就是以人为本原则。它体现了"一切为了读者"的服务思想和全局性的要求，也就是说，在图书馆服务中，所有文献、所有人员、所有工作都要把为读者服务当作出发点和归宿，图书馆的各项服务工作也都要围绕读者的需求进行。

在以人为本原则的引导下，不少图书馆在向用户提供服务时都推出了以用户为中心的服务模式，这种模式强调用户的主导地位和主观能动性，强调用户专业素养、检索能力和分析能力，图书馆管理人员只进行前期和后期服务，中间让用户自己服务于自己。比如，一些图书馆实行了开架借阅服务模式，最大限度地方便了用户的同时，为用户自由存取信息资源提供了条件，有助于调动用户的积极性，同时这种模式也容易出现一些问题，如容易造成文献信息资源混乱，加大图书馆工作人员的后期工作量。因此，图书馆要根据自身的情况，科学选择用户服务模式。

同时，图书馆要将"用户第一，服务至上"的服务精神和服务理念融入图书馆服务的各项工作中。在具体的工作中，要从方便大多数读者出发，查看馆藏文献信息是否符合用户的需要；图书馆服务内容是否满足用户的多样性需求；图书馆员的服务态度是否令用户满意；图书馆信息服务的能力和效果是否令用户满意；图书馆服务实施是否方便用户使用；图书馆信息服务方式是否能满足用户的个性化需求等。换句话来说，图书馆应根据用户的知识结构、认识规律、思维能力、使用习惯等来创新服务，一切围绕解决用户的实际问题来开展，只有这样，图书馆服务内容才能赢得用户，才能赢得市场。

此外，图书馆应当根据客观情况的变化及时地调整和完善规章制度，协调好图书馆、工作人员、读者三方面的关系，既要方便读者；又要建立在科学管理的基础上，真正使图书馆的服务与管理体系以保护大多数读者的利益为出发点，保证图书馆的服务健康有序地发展。

二、平等服务原则

联合国教科文组织与国际图联在《公共图书馆宣言》中明确提出："图书馆应不分年龄、种族、性别、宗教、国籍、语言或社会地位，向所有的人提供平等的服务。"可以说，图书馆面前人人平等，是图书馆界的"人权宣言"。图书馆服务中体现平等服务的原则，就是要求图书馆以平等精神关爱每一位读者，尊重每一位读者，维护每一位读者的合法权益。具体来看，在服务过程中，图书馆应保障用户以下的权利得到实现。

（1）平等享有阅读的权利。

（2）平等享有取得用户资格的权利。

（3）平等享有对图书馆工作进行评价的权利。

（4）平等享有获得图书馆辅导帮助的权利。

（5）平等享有个人人格和隐私不受侵犯的权利。

（6）平等享有参与和监督图书馆管理的权利。

（7）平等享有遵守图书馆规章制度的权利和义务。

（8）平等享有提出合理化建议的权利。

（9）平等享有接受安全、卫生等辅助性服务的权利。

（10）平等享有当自己的合法权益受到侵害时提出改进、索赔或诉讼的权利。

以上用户权利的保障体现了图书馆无身份歧视的理念，除此之外，图书馆要实现真正的平等服务，还要能关爱弱势群体。图书馆能否真正提供平等服务，关键在于能否平等对待弱势群体，能否给弱势群体以人道主义关怀。不能给弱势群体以平等对待和人道主义关怀，图书馆平等服务便是不彻底的，甚至是虚伪的。

三、主动服务原则

进入网络时代以后，在互联网搜索技术迅速泛滥的背景下，传统的居于知识传授与信息检索主导地位的图书馆的生存空间受到压缩，越来越多的年轻人更倾向于通过网络检索、搜集相关信息，这就要求图书馆转变服务理念，变被动服务为主动服务。因此，在新时期，主动服务也是现代图书馆服务的一个重要原则。

这里的主动服务原则主要指的是图书馆以社会和用户的文献信息及其他文化、教育、休闲需求为核心，以积极的态度和服务精神，采取各种措施和手段主动地为社会服务。倡导主动性原则，能促使图书馆员始终以读者为中心，处处为读者着想，增强责任感，从而形成一切为读者的工作局面，以科学的管理方法和良好的服务赢得众多读者，体现图书馆对社会经济发展的先导作用。一般来说，在现代图书馆服务中，需要图书馆工作人员做好主动服务的工作包括以下几个方面。

（1）生产、开发有特色、实用、能上网服务的数据库及馆藏资源网上公开查询和浏览系统，推动图书馆由文献资料的收藏者向知识信息的生产者、开发者转变。

（2）利用自身收集、综合、分析、判断与整理信息能力的专业优势，开发利用网上资源，拓展图书馆服务，为用户提供信息的组织加工、检索导航的服务。

（3）借助网络与通信的优势，继续开展传统的主动服务并利用新的技术改善其质量，开展新的更高质量的服务。

（4）为用户举办讲座和培训班，普及网络知识和检索技能，介绍上网常见问题及解决办法等，提高用户自我服务的能力。

（5）追踪用户需求的变化，做好机动性主动服务。

四、开放服务原则

现代图书馆的馆藏文献资源具有数量庞大、类型复杂、载体繁多、内容广泛、语种多样等特点。特别是随着信息技术的飞速发展和网络的不断延伸，图书馆满足读者信息需求的信息资源空间得到了前所未有的拓展。与此同时，在网络环境下，读者对信息的需求发生了极大的变化，读者获取和利用信息的手段也逐渐朝着数字化、网络化的方向发展。他们不再仅仅满足于文献的获取与阅读，还需要及时了解社会方方面面的信息，掌握本研究领域及其所感兴趣领域的最新研究进展；他们需要在开放式、交互式的信息环境中搜索、阅读和交流信息知识。针对这些情况，图书馆应树立开放服务思想，实施开放服务原则。

一般来说，图书馆在服务用户中，施行开放性原则要从资源、时间、人员和馆务上入手。也就是说，图书馆在服务用户的过程中，应该面向所有读者提供尽可能自由开放的服务，在传统图书馆服务的基础上，实现全开架服务、延长服务时间、打通资源配置、取消或减少读者利用资源的限制、开放网上信息服务等，充分体现图书馆的公共服务思想。

首先就资源来说，图书馆应把图书馆的所有资源和设施向用户开放，如最大限度实行开架借阅；与其他院校图书馆联合实行资源共建共享；建立网上各种信息资源数据库为广大用户使用；增加计算机检索设备的使用和开放等。

其次就时间来说，图书馆应尽可能延长用户利用图书馆的时间，如节假日和公休日不闭馆，以延长开放时间，保证开馆的连续性；图书馆网络服务器24小时不间断地工作，以保证用户利用图书馆不受时空的限制。

再次就人员来说，图书馆应不分国籍、种族、年龄、地位等，向所有用户开放，无论是学生还是教师，无论是领导还是普通人，都全部开放，以实现"每个读者都有书"。

最后就馆务来说，图书馆在服务的过程中，应注意凡是与读者服务的有关制度、规定、做法及其结果向读者公开，实行透明管理。

五、客观服务原则

考虑到用户接受服务，利用图书馆文献信息资源是用来指导客观实践活动的，因此，图书馆向用户提供的文献信息资源要保持"原创性"，换句话来说就是，图书馆服务要立足文献信息资源的本义，保持提供的深层加工的文献信息资源与原文献信息资源在本质上一致，这就是图书馆的客观服务原则。

客观服务原则要求图书馆坚持实事求是的客观性，所提供服务的产品——文献信息资源所包含的内容要与加工、整合前的原本文献信息资源的内容在本质上相吻合，也就是文献信息资源服务中提供给用户的文献信息资源及文献信息资源产品必须反映客观事物的本质属性。

六、区分服务原则

一般来说，用户在社会生活中为了解决工作、学习、文化生活等方面的问题，势必产生对文献资料多种多样的需求。但由于各人所承担的任务不同，研究的重点不同，学习的内容不同，以及个人兴趣、爱好的不同等因素的影响，因而用户的需求存在着很大的差异性。在这种情况下，为增强图书馆用户服务的有效性，图书馆应根据用户的不同需求特点，采取不同的服务方式，提供不同内容、不同范围、不同层次的文献信息，也就是根据用户不同的需求特点，尽可能提供个性化的服务，这就是区分服务原则。

图书馆区分服务的实质，在于讲究服务艺术，注重服务效果，着眼服务质量，这是搞好读者服务工作的基本原则。从图书馆服务的对象来看，不同职业、不同年龄、不同文化程度、不同兴趣爱好的图书馆用户的需求各有差异。例如，青少年较多为求学型读者，这部分用户大多是想要获得学业上的提升，因而借阅的是文化教育类书籍、专业书、学习辅导书和科普读物等。而走上职场的成年人，由于在社会组织和职业活动中承担着一定的责任和义务，因此对信息、文献资源的需求会受职业活动和其社会生活的影响，借阅的图书大多集中在人文社科、职业素养提升等方面。图书馆只有针对用户不同层次和类型的文献信息需求，有区别地分层次地提供服务才能提高工作效率，提高服务质量，真正满足读者的一切需求。

同时，区分服务的原则是实现图书馆各项社会职能所要求的。总体上讲，图书馆有收藏职能、教育职能、信息职能、文化娱乐职能等。就教育职能而言，又可分为一般教育、专业教育、文化娱乐职能等教育、综合教育等。只有区分服务才能达到应有的教育效果，促进人才的成长。就信息职能而言，为教学、科研、生产服务，"广快精准"地传递文献信息，开展对口跟踪服务、定题服务，实际上就是一种区分服务。就文化娱乐职能而言，从内容到形式，要满足各类型用户千差万别的需要，必须贯彻区分服务的原则。

七、创新服务原则

我们知道，世间的万事万物都在不断变化着，这一变化或许当前看来不甚明显，但随着变化时间的增长，必然由量变变为质变。图书馆也是如此，作为社会文化知识保存、传递的重要平台，图书馆所收藏的文献信息、用户的信息需求、服务技术以及馆员的业务能力和业务水平都是在不断增长、不断变化着的，这种变化必然导致新的图书馆形态和结构的形成，在此过程中，图书馆只有坚持创新服务原则，才能保证图书馆的科学发展。一般来说，图书馆的创新服务主要体现在理念、内容和方式方法上。

首先就理念来说，图书馆要树立创新意识，确立主动化、优质化、品牌化、专业化的服务理念，具体体现在：服务中要主动想方设法贴近用户，处处为用户着想，为他们提供尽可能的方便；讲究"精、快、广、准"的服务质量，满足用户求新、求快、求便捷的心理；通过特色馆藏、特色服务、特色活动、特色环境等突出本馆服务特色，建立图书馆特有的品牌服务；建立一系列严格的业务规范与规则，凸显图书馆服务的专业化。

其次就内容来说，随着知识经济时代的来临，图书馆服务的内容急需拓宽，这就要求图书馆要加大信息服务和"便民服务"的内容。在信息服务方面，主要是加大网上信息导航服务内容。在便民服务方面，加大为社区服务的力度，其内容包括职业介绍、购物指南、技能培训指南、市政服务咨询、家政服务咨询，等等。在文献信息服务方面也要创新，主要是加大参考咨询服务的力度，努力从文献服务向知识服务演进，提高图书馆服务的知识含量。

最后就方法来说，图书馆应改变传统的单一的馆藏文献借阅服务模式，利用现代网络平台，提供多种数据库服务、知识库服务以及各种在线或离线信息服务和主动推送服务、虚拟参考咨询服务、网络呼叫、智能代理服务等，以不断丰富图书馆服务的方法和手段，适应不同用户需求、不同服务情况。

八、特色服务原则

不同的图书馆在性质、任务、服务对象或地域上存在一定的差异，这就使不同的图书馆在信息搜索、图书馆藏、服务方式、经营特点等方面存在不同的差异，呈现出独特的内容或风格，显示出图书馆的特色。图书馆在建设的过程中，也应抓住自己的特色，建立具有特色的服务模式。

特色服务的核心是提高服务工作的针对性，从多层次、多角度满足用户的个性化、特色化的需求。这种模式可以有效吸引用户，提高图书馆社会地位。例如，上海黄浦区图书馆设立了音艺厅，搜集各种音乐资料、音乐唱片，在音艺厅经常举办专题音乐欣赏会，周末音乐演唱、演奏会等，吸引了各阶层的大批音乐爱好者，提高了广大用户的艺术素养，强化了图书馆作为文化中心的功能。同时，特色服务还有助于拓展图书馆服务的实用性，如北京东城区图书馆基于本地区的服装业比较发达，建立了服装资料馆，搜集国内外有关服装方面的各种信息资源，推荐给各服装厂商利用，在很大程度上增强了图书馆的实用性。

在这里需要注意的是，特色服务与区别服务是相辅相成的。特色服务工作中，必须针对用户的不同文化程度、不同的工作性质、不同的年龄和性别，利用不同内容和性质的文献，采用不同的服务方式，有区别地开展工作。特色服务是适应市场经济需要，强化图书馆自我发展的重要途径。

第四节 图书馆服务的主要类型

图书馆是人类文献信息交流发展到一定阶段，为有效地促进文献信息交流而出现的机构，在各级各类全日制学历教育、科学研究、技术培训、技术研发等领域中占有重要地位。同时，图书馆也是为用户提供服务的重要平台，一般来说，其服务类型主要包括以下几种。

一、阅览服务

借阅服务是图书馆文献服务中最主要的工作，它直接体现图书馆的作用，是开发图书馆文献资源最基本的方式。在图书馆可以实现读者与书刊的零距离接触。图书馆之所以吸引读者，在于它的丰富的信息资源、宽敞的空间、舒适的环境和配套齐全的设施。对于读者而言，阅览前要对图书馆的一些基本情况进行大致的了解，书馆的布局，图书的索书号等。

阅览服务在组织读者利用馆藏空间时，阅览室不仅是读者进行学习的重要场所，也是读者查找文献、选择文献的基地。阅览室安静、舒适的阅读环境备受广大读者的青睐。图书馆的阅览室太多为综合性的普通阅览室，一般都配备知识性、科学性、教育性较强的综合性文献，供到馆的各类型读者使用。那么，如何挖掘阅览室的阵地优势，提高阅览的服务质量，是每一位阅览工作者必须重视的课题。

二、外借服务

图书外借服务是图书馆服务中最传统和最基础的业务活动。这是图书馆针对自己的服务对象提供的一种允许读者将馆内藏书和其他类型的文献带出馆外使用的服务。

外借服务工作是图书馆工作的基础，应该力求使其服务内容以及采取的服务方式最大限度地满足读者的需要。按照读者外借文献的需求和馆藏文献的种类以及读者成分的不同，图书馆可以设置功能不同的借书处，用于满足读者的不同需求。同时，读者的需求在随时代变化而改变，当我们面对飞速发展的信息时代的挑战和知识经济的发展需要时，已经不能固守着传统的方法而满足于简单的借借还还了。在外借服务工作中，如何挖掘读者的潜在需求，激发读者的读书、学习欲望，提高学习的兴趣，将读者吸引到图书馆来，是摆在图书馆工作者面前的重要课题。因此探求读者的阅读心理和阅读需求、分析读者类型以及调整馆员的服务心态、改变服务方式以顺应发展，就成为深化图书馆外借服务工作的必然。

三、信息参考咨询服务

信息参考咨询服务是图书馆最为活跃、最富于变化的读者服务方式之一，它为充分开发、利用图书馆信息资源提供了有效途径，是图书馆读者服务工作的重要组成部分。所谓的信息参考咨询，实际上就是图书馆员对读者在利用图书馆过程中遇到的各种问题提供帮助的各种辅导和引导活动。

信息参考咨询是读者服务工作的深化和拓展，在实践过程中，传统参考咨询服务的信息资源主要是各种印刷型馆藏文献，包括一些书目、索引、文摘和工具书等。在现代图书馆，信息参考咨询服务的信息资源载体形式和内容都呈现出多元化的特征，除了传统的纸质文献以外，还出现了大量的电子出版物和数字信息资源，这不但给传统的馆藏文献结构和图书馆管理模式带来了革命性的变化，而且给读者利用图书馆带来了越来越多的问题，读者越来越需要图书馆参考咨询员提供各种各样的帮助。同时，图书馆管理的重心开始从重视二线的文献资源的组织和管理转向重视一线的读者服务工作，参考咨询服务的水平更成为衡量现代图书馆整体服务水平的重要标志。

从图书馆提供信息参考咨询的手段来看，现代图书馆的物质基础已经发生变化，与传统的参考咨询相比，现代数字信息资源有更为强大的检索功能，检索的深度、广度、角度可随用户需求的不同而改变，还允许为特定目的，对文本进行抽取、排序、重新组合，从而产生新的信息产品。传统参考咨询工作的信息来源主要是本馆的馆藏，而现代参考咨询工作的信息来源更为广泛，因此图书馆提供信息参考咨询的手段更加先进。在网络环境下，图书馆工作人员需要利用FAQ、电子邮件、BBS、实时聊天软件、网络呼叫中心和手机等虚拟化信息手段，以更加先进的服务方式进行一对一、一对多和多对多的交互式信息交流，为用户提供信息咨询服务。

同时，由于现代图书馆采用了先进的计算机技术、网络技术、通信技术，凭借互联网，可以直接回答来自任何地区、地域的咨询要求，而不像以往的参考咨询服务被局限在一定时间和空间范围内，因此，现代图书馆的信息咨询服务可以实现全天候服务。基于有线互联网和高速无线互联网的现代图书馆信息参考咨询服务平台能做到 24 小时 $\times 365$ 天的全天候运行，信息传递具有不受时间和空间限制的实时性、连续性等特点。读者在任何时间、任何地点都可享受无障碍的服务，从而改变了读者必须到馆或必须有计算机及网络才能进行信息咨询的限制，使服务无时不在。

四、文献复制服务

文献复制服务是图书馆利用静电复印、缩微摄影和数字化技术等，按照原件制作复制件向读者提供文献复制件的服务工作。这是图书馆的主要服务方式之一。这项服务的需求量越来越大，很受读者欢迎。

文献复制方法是图书馆补充缺藏文献的重要途径。我们知道，图书馆不可能收藏所有的出版物，任何一个图书馆都会存在文献"缺藏"现象。在文献采购时，对有些重点文献以及丛书、多卷书、期刊等连续出版物难免有"缺漏"卷、期情况，而且这些"缺藏"的文献又不可能重新出版；对有些珍贵文献，如善本书、孤本书、手稿特藏及外文原版书刊等，是很难收集到的，多数是无法收集到的。这时，图书馆就可以通过文献复制补充"缺藏"。同时，读者在阅读文献时，有的需要阅读整本书刊，而更多的则需要在大量书刊文献中摘取片段章节数据、图表、部分论述等。仅仅靠传统的文献外借服务方法，是不可能解决的。因为，外借服务只能为读者解决流通使用问题，借阅到期后需要将所借的图书归还。读者也不可能在任何时候都很方便自由地到馆内来利用大量资料，这时文献复制就为他们提供了帮助，通过这种方式，读者可以从大量书刊中复印出读者需要的片段文献资料，既方便了读者，又提高了书刊的利用率。

一般来说，文献复制的方法很多，常见的有缩微复制法、一般照相复制法、直接照相复制法、银盐扩散转印法、重氮复印法、热敏复印法、蓝图法、电子扫描复印法、静电复印法等。目前缩微复制法和静电复印法应用最为广泛。文献复制是图书情报机构高密度存贮书刊、手稿、补充馆藏，保护珍贵文献的重要技术手段；也是快速传递情报，及时满足读者文献需求的有效服务途径。目前电子计算机技术、全息照相技术等已逐步应用于文献复制领域，为迅速、经济地获取文献复制品提供越来越多的先进设备和手段。

五、文献检索服务

图书馆为用户提供文献检索服务如图1-1所示。

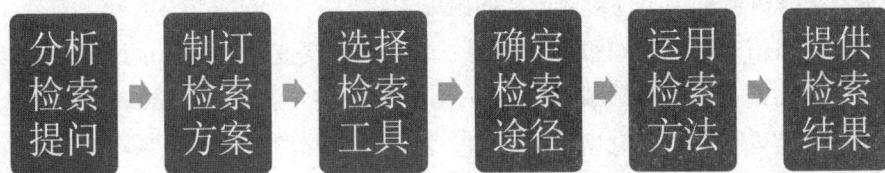

分析检索提问 ➡ 制订检索方案 ➡ 选择检索工具 ➡ 确定检索途径 ➡ 运用检索方法 ➡ 提供检索结果

图1-1　图书馆为用户提供文献检索服务

其中，分析检索提问，是研究读者的检索目的、检索内容、检索范围和检途径，以此制定相应的解释方式。制订检索方案，包括选择检索工具，运用何种检索方法和采用何种检索途径等。选择检索工具，是以全面、系统、就近、实用为原则，尽量利用本馆所藏的检索光盘数据库和检索工具书，缺藏的光盘和工具书可通过馆际互借或其他途径予以解决。确定检索途径，分为题名途径、责任者途径、分类途径、主题途径和其他途径（包括时序途径、地序途径和号码途径等）。运用检索方法，内容主要有顺查法、逆查法、分段法和扩展法等。提供检索结果，结果可能是原始文献或是文献线索，可根据读者需求提供，如不符合要求可采用其他的检索方法直至得出符合课题要求的检索结果。

六、学科知识支撑服务

为读者服务是图书馆的天职，图书馆的职能和社会价值，图书馆的知识性、学术性、教育性等都是通过服务性体现的，这一点在其学科知识服务上表现得尤为明显。丰富的馆藏文献资源是图书馆学科服务的物质基础，馆藏文献资源特色越突出就越能体现图书馆的利用价值，体现出学科服务的效力。也正因为如此，图书馆可以充分利用丰富的馆藏学科专业文献资源优势，开展务实的学科服务。

对于图书馆来说，一方面，它丰富的馆藏资源能够集中力量开展重点学科的信息资源建设，另一方面它又可以通过提供前台服务，如专门的专业搜索引擎、学科论坛、专业研究和会议动态、专题文献报道等及时与学科专家进行沟通，积极为学科知识的发展提供支持。一般来说，图书馆的学科知识服务主要包括以下几个方面的内容。

（1）学科馆员在工作中经常与相关学科用户接触交流，对该学科发展前沿有一定认识，了解用户对该学科文献的选择，能提出更符合学科发展的决策意见。因此，学科馆员——用户协同参与图书馆学科文献建设工作。

（2）学科馆员深入了解相关用户的科研情况和学术发展动态，为相关用户提供咨询与培训服务，通过带领参观、电话沟通、提供书面资料、现场专业信息培训、参加邮件组讨论、网上培训等方式及时解答用户问题，协助用户进行相关课题的文献检索和提供定题检索服务，与各学术带头人建立联系，逐步做到有针对性地为教学和科研提供不同形式的咨询服务。

（3）网络信息资源的组织管理无统一的标准和规范，缺少质量控制和管理机制，数据重复严重，也会形成信息污染，这给用户利用信息资源带来障碍。利用学科馆员的信息搜索、信息组织与信息分析等能力和图书馆的信息存储能力、网络服务能力，建立面向学科和面向用户实际需求的学科导航，将不仅仅为用户也为图书馆工作人员快速定位所需信息资源提供极大便利。

实践表明，图书馆尤其是高校图书馆，应当积极主动地参与重点学科建设，这既是促进其自身建设发展的需要，也是办出特色、创建品牌形象的需要。图书馆如果积极参与重点学科建设，其自身的定位就得到了保证。通常来说，重点学科的建设一般都有多级专项经费作保障。因此，如何确立重点学科藏书范围，建立重点学科数据库和知识导航系统等将成为许多图书馆的一项重要任务。

七、宣传辅导服务

为了充分发挥馆藏文献的作用，扩大图书馆的社会影响，提高服务质量，图书馆在做好文献流通推广工作的同时，还应做好宣传辅导工作。图书馆常见的宣传辅导服务主要有阅读推广、图书馆讲座、用户教育等，这些服务大多以向用户推荐优秀的书刊，辅导用户正确地理解图书的内容，帮助用户从优秀的书刊中汲取有益的营养为目的，是现代图书馆履行知识服务与信息推广职能的体现。

（一）阅读推广

阅读推广，就是为了推动人人阅读，以提高人类文化素质、提升各民族软实力、加快各国富强和民族振兴的进程为战略目标，而由各国的机构和个人开展的旨在培养民众的阅读兴趣、阅读习惯，提高民众的阅读质量、阅读能力、阅读效果的活动。在阅读推广的大潮中，图书馆因为是体系成熟、布点广泛、资源富集、专业化程度高的文化基础设施，所以自然而然地成为阅读推广的一支核心力量。

图书馆在阅读推广中承担的角色是立体的、多元的，首先它是资源提供者和推荐者，向用户提供和推荐阅读资源。其次它是阅读活动举办者，举办各种各样的阅读活动。再次它是资源组织者，是资源组织的平台，需要将各种资源组织到图书馆这个平台中来，从而更好地进行阅读推广。最后它是指导者，作为专业的阅读推广机构，图书馆应该承担起指导者的角色。比如某省或某地区的图书馆在阅读推广方面具备比较多的经验，需要及时将这些经验进行总结，制定出可操作性强的阅读推广指南，这样，其他机构如学校、工会、公司等就可以参考该指南举行符合本机构特点的阅读活动。

从其推广过程来看，阅读推广是在图书馆与读者之间建立的双向互动的交流渠道。图书馆利用推广设施和推广媒介，借助具体的推广活动，把阅读对象推荐给读者；读者则将自己对读物的接受状态及接受效果，反馈给图书馆；图书馆根据读者的反馈，对阅读推广活动进行有效调节，继而开始新一轮更高层次的阅读推广活动。在这样周而复始的循环推广活动中，图书馆的工作得到丰富和提高，读者的阅读兴趣和阅读量不断提升，实现了图书馆和读者共赢发展的良好局面。

（二）图书馆讲座

图书馆是人类知识的宝库，也是人类文明与进步的缩影。面对浩如烟海的知识，在有效传播人类文化科技成果方面，图书馆发挥着重要作用。知识信息高速发展的今天，图书馆讲座以其公益性、实用性、科学性、普遍性，越来越受到广大人民群众的喜爱。

图书馆讲座受欢迎主要是因为，图书馆举办讲座，都会聘请某一领域的专家或权威人士，一般都是知名学者。例如，上海图书馆举办的"新世纪论坛"，曾先后聘请了金庸、余秋雨、陈逸飞、吴敬琏、王安忆、莫言等著名学者、艺术家、文学家。这些都体现了讲座的权威性。许多读者抱着求知的欲望和一睹名人丰采的希冀，渴望当面聆听名人的名言，或与名人当面进行思想的交流。于是经常出现讲座一票难求的状况。一般来说，常见的图书馆讲座有以下形式。

（1）专题讲座。图书馆开展提高读者信息素质的日常讲座，内容主要包括数据库使用、检索技巧、常用软件介绍等。相关讲座安排将在图书馆主页、图书馆微博等渠道发布。各学院、各学部、实验室、研究团队均可向图书馆预约专题讲座。

（2）数据库专题讲座。数据库提供商不定期举办数据库专题讲座，读者可通过图书馆主页公告通知查询讲座时间与地点。

（三）用户教育

我国图书馆界有一个深入人心的认识，就是图书馆承担用户教育的职能。用户教育是指图书情报部门对图书情报系统的潜在用户和现实用户施行情报意识和情报技能的教育，即教育用户利用图书馆，使他们从图书馆保存的文献资料中获得最大收益，其内容是使用户熟悉各种技巧和方法，从而引导他们获得印刷型文献或电子型文献中蕴藏的知识财富。

随着信息技术日新月异的发展，用户教育在图书馆工作中所占的位置愈来愈重要。图书馆不仅要添置先进的设备，建立网络系统，购买数据库，更要帮助用户从不同的数据资源和分散的信息源中有效地获取信息，培养他们的信息获取能力，这是全世界的图书馆面临的一个重要课题。

为了做好用户教育工作，使用户教育取得良好的效果，在开展用户教育时应紧紧围绕图书馆用户教育的目标来确定图书馆用户教育的内容。凡有利于图书馆用户教育目标实现的内容都可考虑选用，但最终是否选用还需结合图书馆的具体情况予以考虑。同时，图书馆等文献信息部门进行读者教育的对象是具体的读者和用户，而用户的内在差异是错综复杂的。年龄、性别、文化教育水平、职业、工作经验等个人因素的差异，影响着读者对文献信息的利用能力和利用效果。因此，在具体开展用户教育活动时，除了考虑当前的经济条件和图书馆信息部门的承受能力外，还应根据读者的个人素质，对读者进行必要的分类，并按不同类型用户的基本需求确定教育内容、组织教育活动，力求有的放矢，取得较好的教育效果。

第二章　图书馆服务模式的现状分析

图书馆服务体系由诸多服务体系构成的多功能、多层次的有机整体。这个体系包括文献外借服务、馆内阅览服务、馆外借阅服务、参考咨询服务、用户教育服务等等，各种服务都有其相对独立的功能、效果和适用范围。而作为整个服务方法体系的组成部分，各种服务之间是相互联系、相互补充、相互渗透、紧密结合的。

第一节　当前图书馆服务模式概述

一、信息资源体系

（一）信息资源体系

信息资源体系是指信息资源各要素相互联系、相互作用而形成的具有特定功能的有机系统。它是指一定范围内，经过布局、搜集、整理、保存并提供利用的所有信息资源的集合。面向用户的资源与服务整合是根据一定的需要，对各个相对独立的信息资源系统中的数据对象、功能结构进行融合、类聚和重组，重新结合为一个新的有机整体，形成一个效能更好、效率更高的信息资源体系，从而保证信息资源更好地被利用。这包含三方面内容：一是将内部信息资源和外部信息资源进行有机融合，二是构成一个高效合理的信息资源体系，三是实现信息资源的整体利用价值。加强信息资源体系建设应从两方面入手：一是应当保证各图书馆每年都能入藏一定数量的各具特色的信息资源。二是通过信息资源整体建设，建立起能在一定范围内有效地保障社会信息需求的信息资源系统，称为信息资源保障体系。

（二）信息资源体系规划

信息资源体系规划就是根据信息资源体系的功能要求，来设计这个体系的微观结构和宏观结构。在微观层次上，就是每一个具体的图书馆根据本馆的性质、任务和读者对象的需求，确定信息资源建设原则、资源收集的范围、重点和采集标准，提出本馆信息资源构成的基本模式。在此基础上，制定信息资源建设计划，安排各类型信息资源的数量、比例、层次级别，形成有内在联系和特定功能的信息资源结构，建立有重点、有特色的专门化的信息资源体系。微观规划在时间上表现为短期规划，包括年度计划、季度计划等，是信息资源建设的具体实施计划。

宏观层次上的信息资源体系规划就是从一个系统、一个地区乃至全国的整体出发，对信息资源建设进行统筹规划、合理布局，制定各种类型的图书馆及各类型信息机构之间在信息资源的收集、组织、储存、书目报导、传递利用等方面的协调与合作规划，从而形成相互依存、相互联系的整体化、综合化的信息资源体系。它通常会受到各种内外环境：如政治、经济、文化以及各馆已经形成的馆藏体系、服务对象等诸多因素的影响。宏观规划又分为总体规划和长期规划。总体规划指一个图书馆对本馆信息资源建设的总方向、指导思想、最终目标等所作的构想与规定，解决信息资源建设中带根本性、全局性和长远性的大问题。长期规划，通常有三年规划、五年规划等，主要用于确定规划期内信息资源建设的发展目标、任务及实现的途径和结果。

二、信息资源建设

（一）信息资源建设的定义

目前，学术界对信息资源建设概念的理解还不完全一致，主要有以下两种理解。

1.情报学界对信息资源建设概念的理解

情报学界在图书馆界提出文献资源和文献资源建设概念之前，就已经对信息资源、信息资源建设的一些问题展开了讨论。随着20世纪80年代中期国外信息资源管理理论进入国内及我国正式与国际互联网接轨，信息资源建设就成为了情报学理论界的研究内容及信息机构的工作内容。

1995年3月21日，国家计委、原国家科委与国家信息中心联合下发了《关于开展全国信息资源调查的通知》，对全国数据库和电子信息网络资源进行调查。1997年1月28日，原国家科委又下发了《国家科委关于加强信息资源建设的若干意见》，该文件将数据库建设确定为信息资源建设的重点。从上述这些文件中可以看出，情报学界所说的信息资源建设主要是指网络信息资源建设，即数据库的建设。

2.图书馆界对信息资源建设概念的理解

图书馆界认为，信息资源是经过人类采集、开发并组织的各种媒介信息的有机集合。也就是说信息资源既包括纸品型的文献信息资源，又包括非纸品的数字信息资源。所谓信息资源建设是指图书馆根据其性质、任务和用户要求，有计划地系统地规划、选择、收集、组织各种信息资源，建设具有特定功能的信息资源体系的整个过程和全部活动。

目前，信息资源建设已经成为图书馆界、情报界和其他信息工作领域普遍接受并广泛使用的概念。它与文献资源建设相比较，其内涵与外延更为广泛。因此，应将情报学界与图书馆界关于信息资源的不同理解加以整合，信息资源建设应该包括（传统型）文献信息资源建设和数字信息资源建设这两部分。因为只有将（传统型）文献信息资源建设和数字信息资源建设都包含进去，才能形成一个完整的信息资源建设概念，才是对信息资源建设含义的完整而准确的理解。

（二）信息资源建设的主要内容

信息资源建设是人们对处于无序状态的各种类型的信息进行搜集、选择、加工、组织和开发利用等活动，使各种信息资源形成可利用的资源体系的全过程。其主要研究内容包括以下几个方面：

1.信息资源的体系规划

信息资源体系是指信息资源各要素之间相互联系、相互作用而形成的具有特定功能的有机系统。信息资源体系规划就是根据信息资源体系的功能要求，来设计这个体系的微观与宏观结构。

在微观层次上就是每一个具体的图书馆根据本馆的性质、任务和渍者对信息的需要，确定信息资源建设的原则、资源收集的范围、重点和采集标准，提出本馆信息资源构成的基本模式，制定本馆信息资源采集政策，安排各类型信息资源的数量、比例、层次级别。形成有内在联系和特定功能的信息资源体系，使整个文献信息资源形成重点突出、有特色的多元化的信息资源体系。

在宏观层次上，还要与本地区、本系统的文献信息资源建设相适应，与本地区、本系统的图书情报服务机构协作、协调，统筹规划本地区、本系统文献信息资源的收集、组织、贮存、书目报道、传递利用，从而形成相互依存、相互联系的整体化、综合化的信息资源体系。

2.信息资源的选择与采集

根据已经确定的信息资源体系的基本模式，通过各种途径，选择与采集信息资源，建立并充实馆藏，信息资源的选择与采集是信息资源建设的基础工作。信息资源的选择与采集工作包括以下几个方面：

（1）印刷型文献的选择与采集。根据既定的信息资源选择与采集的原则、范围、重点、复本标准、书刊比例等，通过各种渠道和各种方式，采集所需要的文献，建立并不断丰富实体馆藏资源。

（2）电子出版物的选择与采集。这里所说的电子出版物是指以实体形式存在的、单机或在局域网络中镜像存储使用而非网络传递的电子信息资源。图书馆要根据读者需求、电子出版物本身的质量、电子出版物与本馆其他类型出版物的协调互补、电子出版物的成本效益等原则进行选择和采集。

（3）网络信息资源的选择与采集。网络信息资源包括付费订购使用的数据库、免费使用的网页信息资源等，网络数据库是图书馆通过签约付费，可远程登录、在线利用的电子信息资源。国内外许多数据库生产商或数据库服务集成提供商已开发出各种文献数据库，直接购买这些产品或服务。也是信息资源选择与采集的重要内容。

3.馆藏资源数字化与数据库建设

馆藏资源数字化是网络环境下信息资源建设的重要内容之一。因为只有经过数字化处理的文献才能通过网络为人们所共享。图书馆应通过计算机和大容量的存储技术、全文扫描技术、多媒体技术，将馆藏中有独特价值的印刷型文献转化为扫描版全文电子文献，制成光盘或网上传播。

数据库建设是数字信息资源建设的核心内容。对图书馆来说，数据库建设主要有书目数据库和特色数据库建设。书目数据库是开发图书馆信息资源的基础数据库。也是图书馆实现网络化、自动化的基础；特色数据库是图书馆特色资源的集中反映，是图书馆充分展示其个性，提高其社会影响力和信息服务竞争力的核心资源。图书馆要根据本系统、本地区的社会需求和本馆的技术力量、经费等条件，选择适合的主题，系统地将馆藏资源中的特色文献制作成独具特色的文献数据库或专题数据库，并提供上网利用。

4.网络信息资源的开发利用

因特网信息资源极为丰富，图书馆对它进行开发组织，就可以使这些分布在全球的网络信息资源成为自己的虚拟馆藏。这种开发和组织就是根据用户的需求与资源建设的需要，搜索、选择、挖掘因特网中的信息资源，下载到本馆或本地网络之中，通过分类、标引、组织、通过网络或其他方式提供给用户使用，或者链接到图书馆的网页上，如建立因特网信息资源导航库，以方便读者迅速检索到自己感兴趣的有价值的网络信息资源。这种虚拟馆藏对图书馆及各类型信息机构的信息资源建设和信息服务具有重要意义。

5.信息资源的组织管理

图书馆对本馆已入藏的实体信息资源进行的组织与管理。包括：对入藏的文献信息资源进行加工、整序、布局、排列、清点和保护，使信息得到有效利用；对数字化信息资源进行整合，将购买的数据库与自建的数据库有机地集成在一起，对其内容进行充分的揭示，实现跨库检索，提供"一站式"服务，使用户能够像利用传统文献一样熟悉和利用数字信息资源。

6.信息资源共建与共享

信息资源共享是人类社会的崇高理想，是图书馆为之奋斗的最高目标。而信息资源共享的前提是信息资源共建，在新的信息环境中，文献信息数量激增与图书馆有限收藏能力的矛盾加剧，信息需求的广泛性和复杂性与图书馆满足需求的能力形成强烈的反差。网络环境使信息资源共建共享变得更为必要和迫切，同时也为信息资源共建共享提供了重要的技术支持。

在新的信息环境中，信息资源共建共享的主要内容包括：根据图书馆类型、性质和任务以及本地区文献信息资源现状，通过整体规划明确图书馆之间文献信息资源采集的分工协作，建设相对完备的文献信息资源保障体系；建设完备、方便快捷的书目查询信息网络，实现网络公共查询、联机合作编目、馆际互借、协调采购等功能，建立迅速高效的馆际文献传递系统，达到文献信息资源的共建共享。

7.信息资源建设的基本理论与方法的研究

信息资源建设是一项复杂的系统工程，它离不开理论的指导。因此，对信息资源建设基本理论和基本方法的研究，是信息资源建设的重要内容之一。其研究的主要内容包括：信息与信息资源以及各种类型信息资源的形成、特点和发展规律；信息资源建设的原则、政策、方法及其实施；信息资源的采集、加工整理、组织管理的技术手段和业务流程；信息资源的选择与评价理论；数字信息资源建设的技术与方式方法；网络信息资源内容开发与数据库建设；信息资源共建共享的理论基础、结构模式、运行机制、保障条件；信息技术在信息资源建设中应用等有关新观点、新技术、新方法的研究等。

第二节　图书馆的信息服务体系

图书馆信息服务是指在网络环境下图书馆利用计算机、通讯和网络等现代技术从事信息采集、处理、存贮、传递和提供利用等的一系列活动，其目的是为了给用户提供所需的分布式异构化数字信息产品和服务，满足信息用户解决现实问题的信息需求。更确切地说，现代图书馆信息服务是对有高度价值的图像、文本、语音、音响、影像、影视、软件和科学数据等数字化多媒体信息进行收集，进行规范性的加工，进行高质量保存和管理，实施知识增值，并提供在广域网上跨库链接的数字信息存取服务。同时，它还包括知识产权存取权限、数据安全管理等。而"体系"一词在辞海中的含义是"若干有关事物相互联系、相互制约而构成的一个整体"。由此可见，图书馆信息服务体系是指有关利用图书馆信息资源为用户提供信息线索、信息内容、信息服务的组织、制度、方法之整体。

一、图书馆信息服务

（一）图书馆信息服务的特点

图书馆信息服务是一种高效的网络化、数字化信息服务，是现代信息服务的高级形式，它从服务内容、载体形式、服务模式、服务策略与方式等诸多方面都具有区别于传统信息服务的特点。具体表现如下：

1.服务资源的数字化、虚拟化

信息服务资源数字化，即指信息以计算机可读形式存贮；信息服务资源虚拟化，是指信息资源表现出来的只有使用权而无所有权的非占有性。现代图书馆的馆藏不仅包括载体形式多样的本地实体数字信息资源，而且包括大量网上的分布式的虚拟数字信息资源，其特点是收藏数字化、存储虚拟化。

2.服务内容的知识性、精品化、多样化

现代图书馆信息服务强调信息资源的开发与利用，为信息用户提供的不仅仅是信息线索及相关文献，更主要的是直接提供所需解决现实问题的知识。信息的精品化源于电子信息量的急剧增长，促使用户利用信息越来越重视信息的质量和浓度，而不是资料的数量，精品化的信息服务以信息的内在质量为保证，应具有"广、快、精、准、新"等特点，要以高品质的服务满足社会用户需求。同时信息服务的内容是多方面的，几乎包括所有信息资源类型，信息资源的选择呈现出复杂性和多样性。

3.服务方式多元化、多层次化

现代图书馆是一个开放式资源体系，用户可以在任何一个地方通过终端以联网的方式查找所需信息。同时图书馆进一步扩大了自身对文献信息的收集存储和开发功能，随时在网上发布各种文献资源的消息，不断地向用户提供所需的信息和知识，对读者进行"引导"或"导航"。根据用户的不同需求，增设服务项目，推出新的服务产品，其服务方式是主动的、多元的、多层次的。

4.信息存取网络化、自由化

互联网的真正价值就在于可以通过网络来快速传递信息资源，这就是信息存取的网络化。网络化传播文献信息将成为现代图书馆信息传播的主要手段。它彻底改变了传统的信息提供和获取方式，将分散于不同载体、不同地理位置的信息资源以数字方式存贮，通过网络联接，提供即时利用，实现了真正的信息资源共享。现代图书馆信息服务系统中，大量经过整合的数字化信息资源可以不受时间和空间的限制，在开放的空间里顺畅、自由地传递。用户可以根据自己的特定需要自由访问那些适合自己的图书馆信息资源。

5.服务手段网络化

现代图书馆的信息服务与传统的信息服务不同，首先是信息机构网络化，变单体为组合，多种多样的信息服务机构构成四通八达的信息服务网络。其次是信息资源网络化，变独享为共享，各信息服务机构致力于开发各种各样的专业数据库并将它们提供上网，汇成信息十分丰富的网络信息资源。其三是信息服务网络化，变手工服务为网络服务，信息服务人员利用网络信息资源来满足用户资源需求，而且让用户参与信息的收集与研究。

6.资源利用共享化

以数字化资源为基础，以网络技术为手段，实现跨越时空的资源共知共建共享，是人类实现共知共享全球信息的崇高理想。现代图书馆的资源共享使众多的图书馆能够借助网络获取自身无法具备的数字信息，同时也能够将自身拥有的数据信息提供给网络用户共享，从而尽可能地避免资源重复建设，极大地拓展信息资源的拥有量，最终使整个社会的信息获知能力得以提高。

7.服务环境开放化

在网络出现以前，图书馆建筑实体的围墙实际上界定了图书馆信息服务工作的范围。现代图书馆信息服务环境从封闭式实体馆舍转变到开放式数字空间，计算机网络将现代图书馆置身于广阔的信息空间里，最大限度地拓展了图书馆信息交流与服务的空间，图书馆真正进入一个共建共享、共同发展的新阶段。

8.服务范围市场化、社会化

现代图书馆信息服务的服务范围与用户越来越市场化和社会化。面对市场经济和网络化社会，读者利用图书馆，不再限于单纯利用书目信息服务，获取所需文献的线索或从图书馆获取原文，而是能得到全程性、全方位的知识信息。网络技术的发展为读者提供了开放化信息需求的客观环境，加速了读者信息需求社会化的进程，信息产品已成为图书馆自立于信息社会和市场的一个标志。图书馆为了自己的生存和发展，必须走信息服务社会化之路，为广大的信息用户服务。

9.信息检索智能化

现代图书馆的检索技术不是采用传统图书馆中惯用的关键词及其逻辑组合的方法，而是通过智能式人机交互方式来检索信息。以知识为基础的智能检索方法，是数字图书馆在信息检索方法上的重大变革。读者可以通过自己的"自然语言"，不断地与系统进行交互，逐步缩小搜索目标，获取自己所需的文献资料。

（二）图书馆信息服务的方式

1.公共目录查询服务

目前大多数图书馆都提供了联机模式或WEB模式的公共目录查询服务，供读者通过网络查询本馆的馆藏书目信息以及读者的个人借阅信息。这是图书馆实现服务网络化的标志性、基础性的服务模式，也是应用最为普遍的网络化服务方式。

2.建立图书馆门户或网站

网站作为图书馆提供各类网上信息服务的基础平台或服务窗口，是网络信息技术在图书馆服务领域的重要应用。目前，要想获得某图书馆的各种网上信息服务，通常是从登录该馆网站开始的。

3.一般性读者服务

一般性读者服务主要是通过网站提供以下服务内容：

（1）图书馆要闻。将图书馆的最新消息，如新引进的数据库、新提供的服务等信息发布在网页的醒目位置，帮助读者跟踪最新的服务动态。

（2）图书馆概况。一般包括图书馆简介、馆藏状况、机构设置等内容。

（3）读者指南。主要是在网站主页上放置读者帮助信息，包括开馆时间、馆藏布局、服务项目介绍以及常用软件工具下载、检索指南等辅助性内容。

（4）读者意见及反馈。主要通过电子邮件、留言簿、电子公告板（BBS）等方式实现。

4.数字文献检索服务

此项服务是现代图书馆信息服务的核心内容和基础性服务模式，主要通过可供网上查询的各类数据库来实现。根据数据库的文献信息类型、载体形式、使用方式，可概括为以下几种主要服务方式。

（1）光盘数据库网上检索服务。主要通过光盘镜像发市软件、WEB检索接口软件等，实现光盘数据库资源的网上检索利用。

（2）网络数据库镜像服务。通过建立网络数据库本地镜像的方式，能极大地提高图书馆数字文献的网络检索服务质量。

（3）在线数据库授权检索服务。通过购买数据库网络使用权，开展网络虚拟资源检索服务，已成为网络环境下文献信息服务的重要组成部分。

（4）自建特色数据库服务。近年来，许多大中型图书馆都建立了特色文献数据库，提供网上查询服务。

5.数字化参考咨询服务

随着信息技术的迅猛发展，图书馆正在兴起一种新型的信息咨询服务模式——数字化参考咨询（Digital Reference Service），也称为虚拟参考咨询服务（Virtual Reference Service）、网络参考咨询（Networked Reference Service）或在线参考咨询（Online Reference Service）。数字化参考咨询使得咨询工作不再受时间和空间的限制，它主要通过以下几种常见的服务模式向远程用户提供同步咨询、异步咨询和合作式咨询服务，随时解答用户的问题。数字化参考咨询服务包括：自助式咨询模式、电子邮件（E-mail）咨询模式、Homepage（信息咨询网页）模式、实时咨询模式、网络信息专家咨询系统模式、网络合作咨询模式等。

6.资源导航服务

根据用户需要，图书馆利用导航技术，帮助用户查找、鉴别和选用信息资源。如资源分类浏览服务、新书导读、学科指南、数据库指南等。把常用的、重要的数据库地址或相关的信息资源预先汇集起来，或建立专业导航库，帮助用户从网上查找所需有价值的信息；同时，通过搜索引擎等各种检索工具，搜集、加工和整理网上各种有用信息资源，转化为用户所需要的特定信息，提供给用户。

7.特色化服务

特色化服务主要包括：

（1）电子文献传递、馆际互借服务。利用文献传递系统，与国内外的同行和有关部门建立同盟，达成文献传递的协作关系，向各自的服务对象提供电子文献传递服务；并通过电子邮件、传真、复印等方式传递给用户。

（2）中间代理服务。如为用户提供科技查新、代查代检等服务。

（3）学科导航。

（4）新书评介、导读服务。

（5）期刊目次通告服务。

（6）多媒体信息服务等。

（7）个性化服务。利用信息过滤、信息报送和数据挖掘等智能技术，针对不同用户采取不同的服务策略，提供主动服务，使用户通过尽可能小的努力获得尽可能好的服务。

（8）多媒体信息点播。

（9）基于学科馆员的知识服务。

8.网络教育

网络教育是一种全新的教育方式，采用远程教学，利用多媒体技术，将课程教育、专题教育、普及教育等方式结合，满足用户教育的需求。

（三）图书馆信息服务模式

随着现代图书馆逐步发展和成熟，数字信息资源、信息服务系统和用户信息环境的发展与变化，其信息服务模式经历了一个由"馆员中心"、"资源产品中心"到"用户中心"的发展变化过程。

1.馆员中心服务模式

馆员中心服务模式是一种从信息服务人员出发，并以信息服务人员为中心的服务模式。从图中可以看出，信息服务人员在这一模式中处于主动、主要和中心的地位，是信息服务工作的中心，一切工作以是否有利于服务人员开展服务工作为目的，而过少考虑信息用户的主动参与。用户自始至终处于被动接受的地位，不能主动地选择和参与信息服务产品的生产，只能坐等服务人员给他们提供产品，他们的需求在服务人员的信息服务工作中得不到充分的反映，因而也就得不到充分有效的满足。这种被动坐等的信息服务模式很难适应现代图书馆信息用户的需求。

2.资源/产品中心服务模式

资源产品中心服务模式，是一种面向信息资源的，并以信息服务产品为中心的信息服务工作模式。信息服务人员通过对信息资源加工增值形成信息服务产品，并以某种策略与方式提供给信息用户使用。在这种服务模式中，服务活动的中心是信息资源与产品，关注的是信息资源的加工和服务产品的生产，服务人员较少去考虑信息用户的需要。此服务模式各要素中突出服务资源、产品的地位，用户是客体，始终有求于图书馆，居于从属地位，信息服务人员的特定服务和信息用户的能动性受到忽视。这是一种传统型的信息服务模式，在现代图书馆发展的初期阶段发挥了重要作用，但随着现代图书馆信息环境的变化与发展，此模式在数字图书馆信息服务中已经缺乏生机与活力。

3.用户中心服务模式

用户中心服务模式，就是信息服务工作一切从用户信息活动出发，基于信息用户的信息需求并以用户信息需求的满足与问题解决为目标的信息服务工作模式。信息服务工作从信息用户出发，根据信息用户的信息需求与解决问题的信息活动的需要，以某种策略与方式生产用户需要的信息产品提供给信息用户，用户需求与问题在这个服务活动中得到彻底解决。用户中心服务模式充分注意到了现代图书馆信息服务活动各要素之间合理结合与服务系统功能放大，特别强调了信息用户在信息服务活动中主观能动与参与作用，用户是这一服务模式中的主体。用户中心服务模式是当今与未来数字图书馆信息服务的主流模式。

（三）图书馆信息服务原则

信息社会对图书馆信息服务提出了更高的要求，文献的服务方式、服务内容、服务手段、服务范围、服务意识、服务模式等都有较大的调整和转变。因此，我们应该遵循以下文献服务工作的原则。

1.服务方式多样化

人类进入21世纪，现代信息技术发展突飞猛进，传统馆藏内涵的扩充和数字图书馆的出现，对图书馆的传统文献服务工作方式提出了挑战。信息社会是以数据库信息技术为利用对象，以信息技术为手段，以电子文献的形式提供给用户的交互服务。文献信息传递具有多向性的特点，图书馆一对一、人对人的传递方式将一对几、机对人、几对机的情报型传递方式所取代。对一个图书馆的评价已不仅仅局限于馆藏量、座位数等。而应评价图书馆通过多少种方式为读者提供了服务，以及提供各种服务的快捷性、能力和质量等如何。

2.服务内容个性化

在信息社会，图书馆面对的将是建立在广泛基础上的需求日趋多元化，个性化的用户，图书馆要改变以馆藏为中心的传统服务模式。代之以藏用并重甚至以用为主，最终目标是针对每一个人和每一项特定任务，为特定的信息找到特定的用户，使信息发挥最大效用。目前，基于网络环境的个性化信息服务模式已初露端倪，大体有词表导航、推送服务、信息传播服务等中介信息服务。图书馆员要密切关注网络环境下信息服务的发展和变化，及时掌握新技术，才能保证并满足用户个性化价值追求的需要。

3.服务手段网络化

传统的文献服务手段是单一的。读者通过口头咨询或利用各种索引及文摘等检索工具检索到所需图书的有关信息。然后到借阅窗口索取文献，在阅览方面，也是只能提供现有的纸质文献，而且是只能自己去阅读。在其他方面，服务手段也缺少。

在信息社会中，图书馆信息服务手段发生了根本性的变革，由传统的文献信息服务转变到网络化信息服务，出现了数据库、电子出版物、电子邮件等形式的多种服务手段。读者的咨询除了面对面、信函、电话等外，还可以利用终端机通过网络进行信息远程查询，在网上进行交互式问答，通过电子函件进行服务，读者的检索可以随时随地在网上进行，查询范围也超越了馆藏的界限，可以利用整个网络世界的信息资源，提供网络查询服务将是图书馆服务的一个主窗口。

4.服务范围远程化

传统的文献服务工作总是处在一个特定的地域范围内，都有自己的特定服务对象，通常人们会按照"就近原则"选择离自己最近的图书馆。这种传统的服务方式存在两个弊端：一是少数图书馆拥有的信息资源必定有限，二是各图书馆服务读者范围相对固定．不利于信息资源的广泛传播和充分利用。互联网的出现，使单个图书馆成为信息网络上的一个节点，人们可以在网络中使用全地区、全国、全球的信息资源，读者对图书馆存取方式可以不受时空限制。

5.服务意识超前化

文献服务意识强，图书馆发展就快。文献服务意识的强弱，对图书馆的发展起着不可低估的作用，而且服务与发展相辅相成。传统的文献服务观念落后。只求馆藏数量，不讲馆藏质量；重藏轻用，忽视信息传播。使图书馆服务大多仅仅停留在书籍报刊服务上。经济问题、管理问题及科技实用技术等方面所占比例则较小。总的来说是宏观的多，主动服务的少，这些传统观念严重制约着图书馆的健康发展。

在信息社会和知识经济时代，服务意识超前化是图书馆加强文献服务工作首先要解决好的问题。图书馆文献服务人员必须更新观念，彻底改变旧思想，旧观念。一是要树立竞争意识，开拓创新，不被社会淘汰。二是要改变"重藏轻用"的观念，改变旧的一套封闭式的、守株待兔式的服务模式，去适应信息社会图书馆读者服务工作的需要。三是要改变"以我为中心"的思想，任何规章制度的制定，图书的采访，分类编目体系等都应照顾到读者的利益。

6.服务模式集成化

集成服务是信息社会中图书馆提供文献服务的发展模式。所谓集成文献服务是指对于某一特定领域或某一特定用户的文献需求，把文献资源保障体系诸要素（功能要素，信息要素，技术要素等）有机地连接成一个整体，使用户得到面向主题的文献服务。

二、图书馆信息服务体系的构成

（一）信息服务原则

信息服务原则是制订信息服务规则、构造信息服务流程的基本理念，它在整个信息服务体系中起着主导作用。

1.个性化服务原则

最大程度地满足每个读者的个性化要求，从而与读者产生互动的个性化主动服务能真正体现用户为中心，使读者产生归属感和认同感。另外，可以把信息服务对象按不同的标准进行细分，并根据其不同的特点确定最适当的服务方式和内容。例如高校馆可按照读者身份划分为教师、学生、行政人员、外来人员等几大类服务对象：还可进一步按文化层次将学生细分专科生、本科生、研究生等，然后根据各类读者需求的差异性做出分析，进行针对性服务，在统一的信息服务体系中体现不同的层面。

2.易用性原则

实践证明，易用与可用是影响用户信息查寻行为的两个重要因素。正如 Krug 先生在他畅销世界的（Don't Make Me Think）里所说的，留住第一眼用户的法宝首先是"别让我思考！"。一个优秀的信息服务体系，在设计业务流程时，应首先从方便用户使用出发，简化流程操作，强化系统功能，提供培训与帮助，消除阻滞因素，从而提高信息产品的利用率。

3.协作服务原则

积极利用现代信息技术手段开展体系内协作、馆际间协作能整合优势资源，进行大规模、全方位、多层次、高效能的服务。

4.合法性原则

图书馆开展信息服务应当保障公民自由获取信息的基本权利，同时不可违背相关法律法规，并从可靠性、系统性和完整性方面对信息质量把关，以使信息服务工作产生积极的社会效益。

（二）信息服务相关制度

1.组织与经费保障制度

图书馆信息服务体系作为一个整体，应有完善的配套制度。人员组织与资源是这个体系的基础，因而在馆际协作服务体系中应当有地区性协作中心制订相关的制度，以形成约束力，保证体系的正常运转。

2.业务规范

联合协作的前提是遵循共同的规范。包含联合数据规范、通用接口协议、文献传递流程、联合咨询的轮值制度、馆际互借的经费支付办法等等。

（三）信息服务系统

信息服务系统是图书馆进行信息服务的实体，包含以下几方面的内容：

1.资源

包含信息服务组织结构内一切馆藏文献、数据库、网络虚拟资源的总和。一次文献资源可通过购买、搜集（如利用SPIDER进行的网络信息挖掘或手工搜索）等手段获取，通过地区性协作组织进行联合采购是充分利用有限经费的有效方法之一。同时还要注意二次文献资源的建设，如编制专题文摘、索引等。

2.组织结构

图书馆传统信息参考组织结构采用的基本是馆长一部主任一信息服务人员模式的直线制结构，工作人员以参考咨询部门为主体，机构较为简单，难以适应多样化的信息需求。以馆际互借服务为例，一个基本的业务流程，就涉及到双方馆的信息咨询部（接收并处理互借请求）、技术部（开发维护馆际互借平台）、读者服务部（提供所需文献）、文献资源建设部（编制维护联合目录）等多个部门，任何一个环节出现问题，就会导致整个服务流程的阻滞。这就要求现代图书馆信息服务系统应当采取能纵横协调的多维多层的组织结构，方能使多项专门任务能在一个组织之内平衡协调地完成。

3.信息处理平台

在信息技术高度发达的今天，建立起能在分布式环境下提供集成化服务的信息处理平台则是现代图书馆信息服务体系的必要手段，体现了"法"的因素。

（1）信息整合：从信息资源的构成看，大量资源来自异构的检索平台、多样化的语种、不同的访问权限，各类型资源的内容也存在着一定的交叉重复，导致检索时既需掌握多种系统的使用方法，又需要利用不同检索工具。重复使用各种检索策略，造成人力浪费和检索效率的低下，甚至出现人为的遗漏，使信息资源难以实现交互式的完全共享。要解决这些问题，应通过开放语言描述集成定制结构或流程，以分布服务和开放描述支持对资源（如OPAC、各类型数据库、网络信息资源库、实时咨询知识库等）的动态的搜寻、调用、解析和转换，通过开放链接进行数据对象的传递，从而使集成本身形成可解析、可复用、可伸缩、可扩展的知识元库，然后通过开放式协议对分布式信息资源进行有效整合。

（2）信息分析评审：对于知识元库中的数据，经过动化技术聚类、摘要、提取后，还可由计算机系统自动分析或分发至咨询专家进行分析、评审，以确认其价值并提供给相应的用户。

4.服务平台

网络信息服务大量的需求来自于不同的读者类型、要求提供不同种类的资源、信息传递与推送也必须经过不同的途径，故而在实行服务时，需要从易用性原则出发，将模块化的服务平台（如终端用户检索软件模块、在线咨询交流软件、个性化服务定制与推送软件模块、快速物流传递系统等）集成在统一的用户界面下，使读者享受到快捷高效、交互型的一站式服务。以中国人民大学图书馆为例，其"数字图书馆个性化信息服务系统"集数字资源检索、个性化推荐、在线交互咨询服务为一体，读者可整合检索包含馆藏书目、馆内光盘数据库资源以及各种许可范围内的网络数据库资源；可直接进行续借、预约，在线阅读全文电子书，下载部分论文全文；自动根据用户填写的研究方向为用户推荐相应的图书论文资源，同时据用户对资源的一些反馈信息来进行协同推荐；还可进行在线交互式咨询。

第三节 图书馆的管理服务体系

在我国，对于图书馆管理含义的认识，是随着国外管理学理论和方法的译介，以及图书馆管理实践的发展深化而逐渐完善起来的。

一、图书馆管理

图书馆管理是研究图书馆活动及其规律的科学。它是管理科学应用于图书馆而形成的，是现代图书馆学的一个重要的分支学科。主要研究各个图书馆的管理活动以及对众多图书馆乃至整个图书馆事业的管理。

（一）图书馆管理的含义

关于图书馆管理更为明确的涵义至今还没有一个确切的表述，国内外学者看法也不尽相同。国内许多学者给图书馆管理下的定义至今尚未取得学术界统一表性的定义。

倪波、苟昌荣认为：图书馆管理是指应用现代管理学的原理和方法。合理组织图书馆活动，有效地利用图书馆的人力资源和物质资源，发挥其最佳效率，达到其预定目标，并在此过程中不断地审查改进，最终圆满完成任务的过程。

黄宗忠认为：图书馆管理就是通过计划、组织、指挥、协调和控制等行动，最合理地使用图书馆系统的人力、财力、物质资源，使之发挥最大作用，以达到图书馆预期的目标，完成图书馆任务的过程。

吴慰慈认为：图书馆管理是对图书馆的文献信息、人力、财金、物质资源，通过计划、决策、组织、领导、控制和协调等一系列过程，来有效地达成图书馆的目标的活动。

原国家教委高教司《图书馆管理学教学大纲》提出：图书馆管理是指以图书馆发展的客观规律为依据，遵循管理工作的内容与程序，建立优化的管理系统，合理配置和利用图书馆资源，实现其社会职能的控制过程。

图书馆管理是把图书馆的文献信息资源、用户、馆员、技术方法、设施等分散要素的联系起来构成一个有机的整体。没有管理，就不能开展图书馆的活动，更谈不上图书馆工作质量与效率，达不到图书馆预期目标，完不成图书馆任务。这种管理活动既包括信息资源的管理，也包括图书馆人力资源、物质资源、财金资源的管理。图书馆管理者必须平衡四者之间的关系，不能厚此薄彼。

图书馆管理既不是指图书的管理，也不是指图书馆的具体业务工作。与图书馆管理相关的图书馆管理学，则是研究图书馆管理的基本理论、管理过程、管理方法、各种具体管理和图书馆管理趋势的科学。它是图书馆学的一个分支学科，是管理学在图书馆管理实践中的应用。图书馆管理是遵循图书馆工作的客观规律，通过计划、组织、协调、指挥等手段，合理配置和使用图书馆资源，以达到预期目标，满足用户知识信息需求的一种活动。

我们认为：图书馆管理是对图书馆的资源，通过一定的科学手段而实施的行为过程的目标活动。它包括微观管理和宏观管理两个部分，微观管理是对于个体图书馆的管理。宏观管理则是对社会图书馆事业体系的管理。在当今信息时代，抓住时代特色，全面运用现代管理理论，用以指导现代图书馆的全部活动，提升现代图书馆管理水平的整个过程。

（二）图书馆管理的特征

作为一种特殊的社会实践活动，图书馆管理具有一般社会实践所共有的客观性、能动性和社会历史性等特性，不过这些特性在图书馆管理中有其具体的表现形式。整个实践的特性对于不同的实践活动来说是一种共性的东西，而具有这种共性的各种实践活动又表现出不同的特性，因此图书馆管理具有以下几个主要特征：

1.总合性

所谓图书馆管理的总合性，从空间上来说，就是它贯穿在一切图书馆活动中，存在于图书馆活动的一切方面和一切领域，凡是有图书馆活动的地方，就有图书馆管理存在。从时间上来说，它与图书馆共始终。在中国商代，不仅有藏书之所、掌书之人，而且有管书之法。商代设史官掌管藏书，虽然这一时期尚未形成书籍分类和编目体例，但对藏书的管理已存在一定之法。商代史官在甲骨片编连成册之后、为便于查找，在贮藏中采用标签形式将其标示。另据英国考古学家伍利1930-1931年在幼发拉底河口附近的乌尔发掘出的400多块泥版文书和1000多片残片中，发现上面的经济资料是按主题和年代排列的，泥版还挂有内容简介的标志牌。经专家鉴定，这些泥版文书是一所寺庙图书馆收藏的，大约存在于公元前3000年。这是国外存在最早的藏书管理，代表着国外原始的图书馆管理思想。随着信息技术的发展，图书馆的形态可能会发生一些变化，传统的纸质图书馆可能会逐渐萎缩，虚拟图书馆、电子图书馆、数字图书馆或网络图书馆将登上历史的舞台。但我们认为，只要还存在图书馆活动，不管其形式如何，仍然离不开管理。因此，在图书馆发展的长河中，管理是无处不在、无时不有的一种社会活动，它在图书馆系统中横贯各个层次，涵盖一切领域，具有总合性。

2.依附性

任何图书馆管理都必须依附于一定的图书馆业务工作，它的全部实际内容和具体形式不能离开其他业务活动而单独存在，因此图书馆管理总是对某种业务活动（文献采选、分类编目、书刊借阅、参考咨询、文献检索、情报研究等）的管理。图书馆管理的这种依附性主要表现在：图书馆管理的目标必须依托于具体的业务活动才能实现，图书馆管理的过程总是伴随着其他业务活动的进行而展开，图书馆管理的结果则总是融合在其他业务活动的成果之中。也就是说，图书馆管理必须以其他某一种、某几种或全部业务活动作为自己的"载体"。

3.协调性

所谓协调性是指调节和改造各种管理对象之间的关系，使他们能相互适应，并按照事物自身固有的规律性在整体上处于最佳的功能状态。图书馆管理与其他业务活动不同：

首先，从活动的对象来看，一般业务活动总以某个特定的具体事物作为自己的对象，如文献采选以图书馆未收藏的新书、新列、新报、新光盘等文献载体为对象，分编工作以图书馆已采购回来的新文献为对象，咨询服务以读者为对象等。但是，图书馆管理在一定意义上却是以图书馆系统的各种业务活动为自己的对象，是对这些业务活动之间的关系以及这些业务活动内部的各种要素之间的关系进行协调的活动。因而与各种业务活动相适应，就有协调这些活动的采选管理、分编管理、借阅管理、咨询管理等形式，这些管理活动通过协调各种业务活动而间接地对它们起作用，从而改变它们的存在状态。

其次，从活动的任务来看，一般的业务活动都有自己特定的具体任务，它们或者是为了购回本馆读者所需要的文献，或者是为不改变文献的形式特征、或者是为了将读者所需要的文献传递给读者，或者是对读者进行信息检索技能培训，或者是为读者提供咨询课题的解答方案等。然而图书馆管理的任务却是"协调个人的活动，并执行生产总体的运动——不同于这一总体的独立器官的运动——所产生的各种一般职能"。也就是说，图书馆管理的主要任务是协调人们之间的关系和利益，协调人们活动的状态和过程，使图书馆各种业务活动的要素建立某种有序的优化结构。所以，图书馆管理是一种柔性的社会活动，图书馆管理者一般并不直接从事情报产品的生产或信息服务活动，它主要是通过协调各种业务活动的内外关系，特别是馆员之间的关系以及馆员和读者之间的关系，使各种要素、各种环节在共同目标最有效地满足读者的信息需求的指引下，消除彼此在方法上、时间上、力量上或利益上存在的分歧和冲突，统一步调，使图书馆的各种业务活动实现和谐运转，成为一个有机的整体。

4.组织性

图书馆管理的组织性，一方面指的是图书馆管理活动总是通过一定的组织（如学校图书馆、科学图书馆、企业图书馆、公共图书馆、工会图书馆等）进行的，这种组织是由进行管理活动的人所组成的一个有序结构。组织既是管理的主体，任何图书馆管理都是由一定的组织机构（即特定的图书馆）去进行的；同时，组织又是管理的对象，因为任何图书馆管理都是对一定组织（即特定的图书馆）的管理，孤立的个人，离开了一定组织的人，是无所谓图书馆管理的。另一方面，它指的是图书馆管理活动本身就是一种组织活动，这种组织活动持分散的资源如人力、物力、财力、信息等资源组合起来，形成一个稳定的、能够不断根据客观环境的变化而进行物质和社会双重结构调整的过程。这种组织过程既把各种离散的、无序的事物结合成一个相互联系、相互制约的管理组织系统，这是图书馆管理活动得以进行的物质和社会实体；同时又能不断地根据变化着的外部和内部情况，对管理活动的各种要素之间的关系进行调整，以寻求相适应的物质与社会匹配关系，使图书馆系统朝着管理的目标运动。前者指的是静态的组织性，它表现为一种有序的组织形式；后者指的是动态的组织性，它表现为一种能动的组织职能。图书馆管理的组织性是图书馆管理最基本的特征，也是其他特征存在的内在根据。

5.变革性

管理在本质上是变革活动，是使人获得真正自由的活动。管理的特点就是变革——迅速的、不断的、根本的变革。图书馆管理也不例外。从现象上看，图书馆管理有保守的一面，它要维持图书馆系统一定程度的稳定，要用一定的原则、规章制度约束图书馆的成员。但是，保守性、束缚性只是图书馆获得发展的手段，因而是暂时的、相对的。稳定是运动的一种特殊状态，因此，图书馆系统中的人、财、物、信息等要素是不断变化发展的，图书馆系统外部的经济、政治、文化、科技等环境也在不断变化。要实现对图书馆的真正有效管理.目标和计划就要反映对象的变化，协调活动就是要使系统内外因素的配合在变动中定向合理，要不断通过信息反馈实现对图书馆的动态控制，要根据图书馆的发展改变失去合理性的规章制度。可见，图书馆管理的变革性是由图书馆本身的运动决定的，具有客观性。图书馆管理的变革性更重要地表现为其发展演化。图书馆管理是一种主观见之于客观的活动，它要反映图书馆的变化，不仅要反映图书馆现时的变化，而且要反映图书馆变化的趋势，还要反映趋势的转变，这一切只有通过科学预测、设立目标、制定计划、完善组织、实施控制等一系列动态管理活动反复循环才能实现。

6.科学性

图书馆管理的动态性并不意味着图书馆管理没有规律可循。尽管图书馆管理是动态的，但还是可将其分成两大类：一是程序性活动，二是非程序性活动。所谓程序性活动，就是指有章可循，照章运作便可取得预想效果的管理活动，如制定读者服务工作中的各种规章制度，制定人员管理工作中的录用、奖惩、培训等方面的条例，制定行政管理的各种规章制度，制定后勤管理的各种规章制度等等。所谓非程序性活动，就是指无章可循。需要边运作边探讨的管理活动，如建造新馆、建设图书馆自动化系统、图书馆组织机构的调整、复合图书馆的设计等。这两类活动虽然不同，但又是可以转化的。实际上，现实的程序性活动就是以前的非程序性活动转化而来的，这种转化的过程是人们对这类活动与管理对象规律性的科学总结，图书馆管理的科学性在这里得到了很好的体现。此外，对新管理对象所采取的非程序性活动只能依据过去的科学结论进行，否则，对这些对象的管理便失去了可靠性，而这本身也体现了图书馆管理的科学性。

由于图书馆管理对象会分别处于不同系统（如科学院系统、文化系统、教育系统、工商企业系统等）、不同部门（如采访部、编目部、流通阅览部、典藏部、参考咨询部、研究辅导部、信息技术部、特藏部等）、不同环节（如出纳台借还、书库整理）、不同的资源供给条件等环境中，这就导致了对每一具体管理对象的管理没有一个唯一的完全有章可循的模式，特别是对那些非程序性的、全新的管理对象更是如此，因此，图书馆具体管理活动的成效与管理主体管理技巧的纯熟程度密切相关。事实上，管理主体对管理技巧的运用与发挥都体现了管理主体设计和操作管理活动的艺术性。另外，由于在达成图书馆资源有效配置的目标的过程中，可供选择的管理方式、手段多种多样，因而如何在众多可供选择的管理方式中选择一种合适的用于现实的图书馆管理之中，也是管理主体进行管理的一种艺术技能的体现。

二、图书馆管理的对象

图书馆管理的对象有三大部分：人力资源管理、物力资源管理和财力资源管理。人力资源管理包括图书馆员工管理和读者管理；物力资源管理包括图书馆的文献信息管理、图书馆的建筑和设备管理以及技术方法管理；财力资源管理指图书馆的各项经费开支以及各种经营性收入管理。

（一）图书馆人才资源管理

1.员工管理

图书馆员工是图书馆连接文献信息与读者的纽带和桥梁，是图书馆活动的管理者和组织者。图书馆工作效益的高低和社会影响的好坏，取决于图书馆的员工，所以图书馆员工是管理的主体要素。图书馆的员工分为图书馆专业人员、图书馆技术人员和图书馆行政人员三大部分。管理者应通过定岗、定员、考核、选举、激励等多种形式，激发员工的积极性和创造性，调动他们的潜力，使员工的聪明才智得到充分发挥，努力做到人尽其才、各得其所、各获其荣。

2.读者管理

读者又称为"用户"，是图书馆的服务对象。图书馆因读者而生存，读者的存在和需要是图书馆生存和发展的动力。由于图书馆读者群的复杂性、多变性和信息需求的多样性，读者管理成为图书馆管理中最活跃的要素。管理者必须树立

"读者至上"的思想，一切管理工作都以用户文献信息需求为出发点和归宿，最大限度地满足读者日益增长的知识信息需求。

（二）图书馆物力资源管理

1.文献信息资源

图书馆的文献信息资源统称"图书"，是图书馆的"立身之本"，也是图书馆存在的先决条件，是图书馆系统中最基本的要素。它是根据图书馆的性质、任务和方针，以及特定读者群的文献信息需求，经过长期日积月累而形成的文献信息体系。图书馆的文献信息资源随着科学技术的发展，载体越来越丰富多样，有印刷型资源、缩微型资源、声像资源、电子型资源和网络资源等。对这些资源进行管理既要确保文献信息资源的系统完整，又要便于读者对文献信息的充分利用；既要着眼于馆藏的特色建设，又要做好资源的共建共享。

2.建筑设备

建筑设备又称"设备"，是图书馆生存的物质条件。传统图书馆设备包括：建筑、书架、目录柜、阅览桌椅等。现代图书馆设备，除了传统图书馆设施以外，还包括许多现代化技术设备，如视听设备、复印设备、缩微阅读设备、传真设备、文字处理设备、图书馆计算机自动化系统、图书馆消防安全系统、中央空调系统、局域网以及互联网接口等。这些设备可统分为两大部分：一部分是围绕着业务工作而产生的现代化技术设备系统；另一部分是为业务主体服务的行政后勤服务技术设备系统。

3.技术设备

图书馆的技术设备，以自动化系统为核心，由计算机软件系统、硬件系统和数据库三大部分组成。随着科学技术的发展，数字化图书馆的出现，信息设施、信息资源、信息人员的智力将融为一体，图书馆的自动化系统会越来越趋于完善。图书馆的建筑设备将会随着这些技术方法的应用而发生很大的变化。为此，图书馆的管理者应用战略的眼光去规划和建设图书馆文献信息服务技术设施体系，为信息资源体系的形成、维护、发展，以及开发利用提供条件。

（三）图书馆财力资源管理

图书馆的财力资源主要来源于政府对图书馆的拨款，以及社会各界对图书馆的资金投入。图书馆的经费开支主要用于购置各种载体的文献信息资料、业务活动开支、行政管理费用、员工工资、设备维护费等。经费预算是图书馆经费管理的一项基础工作，在预算的执行过程中，应该有严格的经费结算制度。管理者应通过核算执行情况，为经费管理提供相关信息。在经费管理过程中，应加强财务制度，严格执行有关的财务制度和规范，通过严格的财务制度管理图书馆的经费，以最低的成本产出最大的效益。

三、图书馆管理基本要求与内容

（一）图书馆管理基本要求

现代图书馆管理的基本要求是管理规格化，劳动组织合理化，工作人员专业化，业务工作计量化。具体地说管理规格化是指有完善的规章条例和业务标准，所以，图书馆管理的规章条例化和业务技术标准化是规格化的两大内容。劳动组织合理化是指以最经济的人力取得最佳的工作效果是图书馆合理的劳动组织所要达到的主要目标，为了实现这个目标，必须：①根据本馆的性质和具体任务，以节约人力、方便管理、减少层次、提高效率为原则，合理建立业务机构；②根据本馆收藏的文献资料的类型和用户需要的特点，科学地划分工序和工作范围；③建立岗位责任制，明确规定职责范围，让每一个部门和每一个工作人员都承担起应负的责任，做到各负其责，各尽其力。工作人员专业化是指培养一支合格的专业化队伍，是实现图书馆管理目标的必要措施。图书馆工作人员的专业化包括两个方面：一是必须具备图书馆学、信息学的基本知识和图书馆工作的基本技能；另一个是向文献信息工作专门化的方向发展。业务工作计量化是指建立一套系统的图书馆管理统计制度。统计数据能够反映图书馆的基本情况，是改进工作、提高服务质量的重要依据，对于图书馆实行科学有效的管理可以起到"耳目"和"参谋"的作用。

（二）图书馆管理内容

现代图书馆管理是通过决策、计划、组织、控制、协调实现的。各环节之间不是相互割裂的，是互互联系、相互制约，共同作用于管理运动的全过程，形成了图书馆管理的特定内容。

1.决策

任何图书馆系统及其所属的子系统的管理过程，都离不开正确的决策。图书馆系统的决策，主要包括：图书馆发展方针、政策、战略方面的决策；各项业务工作的决策，如采集文献品种与复本数量的决策，分类法的选择，馆藏划分最优方案的选择，排架方式的选择，开架与闭架方式的选择等等。人事方面的决策，包括人员智力结构的确定，人员更新与培训的方式，奖惩制度的制订等等。财务、设备方面的决策，包括经费及其合理分配，设备、用品的选择等等。

2.计划

这是管理过程中的一个十分重要的因素。计划是一种预测未来、确定目标、决定政策、选择方案的连续过程，是图书馆各项活动的指针，图书馆系统的各方面决策都是要通过计划去实现的。图书馆计划包括两个基本方面：一是国家图书馆事业发展计划，一是个体图书馆的发展计划。

计划是由定额、指标、平衡三部分组成的。各项定额是发展计划的基础，计划的内容和任务则体现在指标上，计划就是综合平衡，平衡表是基本手段和工具。国家图书馆事业发展计划是各分项计划的集合，一个馆的总体计划是本馆内各个部门计划的集合。在制定各项计划时，应明确该项计划的主要任务及其在总体规划中的地位和作用，认真选取衡量该计划发展水平的主要指标，规定发展的规模和发展速度，突出发展重点，规定适当比例，注意各计划之间的协调。

3.组织

组织指对各项活动所需的资源加以组合，建立组织的活动与职权间的关系的过程。组织是发挥管理职能、实现管理目标、完成计划的保证。组织工作是一个分工的行为，同时又是一个组织各方进行协作的行为。组织工作还包括人事工作，即为组织的工作过程中设置的工作岗位配备合适的职工人选。因此，在图书馆管理系统中必须要有健全的组织机构，明确各个工作岗位的职责，确立各级人员之间的相互关系，做到职责分明，权责结合。

4.领导

领导工作是影响人们为实现组织的目标而努力。包括激励、领导的方式方法、沟通等问题。图书馆要建立合理的领导层的群体结构，注意选拔主导型人才，重视领导者群体的智力结构，加强领导者之间的团结协作。图书馆的领导应当注意在正确运用合法权力、奖励权力之外，学习和掌握图书馆专业知识和管理知识，不断完善本人各方面的素质，增强自己的专家权力和个人影响力。

5.控制

这是按既定的工作计划、标准去衡量各项工作成果，并纠正偏差，使工作按计划的方向进行。所以，控制不仅是对现有工作成果的评定，更重要的是认识和判断工作发展的趋势并为改进工作提供信息反馈。可以说，没有良好的信息反馈，图书馆就无法对自己的各项工作进行有效的控制。这是因为控制的功能是通过输入、中间转换、输出、反馈四个环节实现的。

6.协调

协调是管理过程中不可缺少的环节，它可以使图书馆事业的建设或一个图书馆的各项工作趋向和谐，避免矛盾和脱节现象。图书馆的协调，从微观角度看，指的是图书馆内部纵向和横向的协调。纵向协调，就是要保持图书馆各层次子系统的上下平衡；横向协调，就是要保持图书馆系统各层次彼此之间的协作、以避免各个工作环节和各个部门之间发生脱节或失调现象。图书馆的协调，从宏观角度看，是指与图书馆外部的协调。这种馆际之间的协调，也分为纵向层次的协调和横向层次的协调。纵向层次的协调指的是本系统图书馆从上至下的协调；横向层次协调指的是本图书馆系统方针、任务与其他图书馆系统的协调。

四、图书馆管理的基本原则与意义

（一）图书馆管理的基本原则

1.集中管理

集中管理是我国图书馆事业管理的重要原则。集中管理包括两个方面内容：一是指图书馆事业建设要有集中统一的管理，以便协调全国各系统、各地区图书馆的工作，有目的地规划全国图书馆事业的发展，组织全国性的图书馆事业网；二是指图书馆业务技术工作的集中管理，即实行图书馆业务技术工作的标准化，其中包括统一分类、统一编目、统一数据存储格式和信息交换标准等。

2.民主管理

民主管理是我国图书馆管理的又一重要原则。所谓民主管理，就是吸收图书馆工作人员和用户代表参加图书馆的管理工作，图书馆可以建立有馆员和用户代表参加的民主管理组织。建立这个组织的目的是提高图书馆的管理水平，它在图书馆管理中起着参谋作用，其任务是：

（1）对图书馆工作提出合理化建议和改进意见；

（2）督促图书馆工作计划的执行；

（3）对专业人员的安排和使用提出建议；

（4）对领导干部的工作进行监督等。

3.计划管理

这也是我国图书馆管理的重要原则。图书馆的计划管理就是要发挥工作计划在管理过程中的作用。工作计划是根据客观实际情况和工作任务的要求，预先确定开展工作的目标、措施和步骤以及方法等等。工作计划可以分全馆计划、部门计划或某一项工作的专门计划。制订工作计划必须从实际出发，留有余地。在执行计划的过程中要随着客观情况的变化对计划做适当的修改。如果工作无计划，就不能有效地组织业务活动。因此，正确地制定和执行各种工作计划是图书馆管理中不可缺少的环节。

4.注重经济效果

注重经济效果就是要研究如何合理地使用人力和经费，最充分地发挥图书馆各种设备的能力，建立最优化的文献信息资料的收藏系统和服务系统，以及与之相适应的各种科学的规章制度和条件。要力求用最少的经费补充用户最需要、最有使用价值的文献资料，用最经济的劳动加工整理各种文献信息，用最快的速度为用户提供各种资料，并使图书馆的各种设备最大限度地发挥作用，从而保证图书馆各种活动的最大效能。这些应该是图书馆管理所追求的目标。人力、物力、财力和时间的浪费以及无效劳动，都是与图书馆管理的原则不相容的。注重经济效果，应当成为图书馆管理的一项基本原则。

（二）图书馆管理的意义

1.图书馆管理是图书馆事业具有全国规模的需要

图书馆工作是在科学发展和社会进步的推动下不断向前发展的，它自身同样经历着又分化又综合的过程。在科学文化信息交流中分化出图书馆系统，图书馆系统又分化成各种子系统和二级子系统；这些子系统和二级子系统又相互依赖，互相制约，不可分割，共存于图书馆系统的统一体中，共同完成向社会提供文献信息的任务。

随着人类社会的进步和科学文化的发展，图书馆的数量不断增多，类型不断增加，同用户的联系面更加广泛。这说明图书馆已不是孤立的单个的存在，而是一个社会的有机整体。因此，需要通过管理密切图书馆与图书馆之间、图书馆与用户之间的联系。

图书馆事业是由各种不同类型的图书馆组成。要使具有全国规模的图书馆事业布局合理，使之协调而又有计划地发展，必须对全国图书馆事业实行科学有效的管理，以便把丰富的文献资源当作全社会的共同财富，有效地加以开发和利用。

2.图书馆管理是有效利用信息资源的需要

信息广泛存在于自然界和人类社会，包括自然信息、社会信息、生命信息和机器信息。对于人类来讲，每时每刻都在传递和接受着大量的信息．其核心是知识。信息是动态的概念，它只有在流通中才能发挥作用。只有运用科学的方法加以管理，信息的价值才能得到有效的体现。

当前社会中，文献是主要的信息来源，是信息存在的一种物质形态。在文献量激增的当代社会里，要求图书馆对数量庞大、内容复杂的文献资料进行准确地挑选和科学地整理加工，以便及时将信息传递到用户手中，没有对文献信息资源科学有效的管理是根本不可能做到的。所以科学有效的管理是有效利用信息资源的前提。

3.科学有效的管理是实现图书馆工作现代化的需要

图书馆组织管理的有效性和科学性、既是图书馆工作现代化的需要，也是实现图书馆工作现代化的基础。没有图书馆组织管理的科学化，也就无法实现图书馆工作的现代化。例如，要建立起拥有先进的技术和设备、能够迅速准确地将文献信息资料传递到用户手中的信息网络，就必须加强对图书馆工作和图书馆事业的科学有效的管理。没有科学有效的管理，不提高图书馆管理的水平，即使有了先进技术和设备，也不能充分发挥作用。现代化信息网络的建设及其作用的发挥，不仅取决于现代化的技术和设备，而且取决于图书馆管理的水平。

第三章　图书馆服务模式的构建

服务是图书馆的永恒主题，在任何情况下图书馆都应不动摇、不偏离、不取代图书馆服务，把服务作为图书馆一切工作的出发点和归宿，把服务作为贯穿图书馆一切工作的主线。然而坚持图书馆的服务主题，并不是说要为读者提供一成不变的服务，而是要根据时代的发展、用户的需求不断更新服务模式、服务内容，为用户提供高质量的服务。进入网络时代以后，随着信息技术的迅速发展和全面渗透，图书馆工作人员也应紧抓时代发展的脉络，积极配合社会的发展进行图书馆服务转型，以便使图书馆能始终适应用户的需求和社会发展的形势。

第一节　信息资源管理体系的构建

俗话说："观念决定行动，思路决定出路。"一个理念的定位差异，将会产生截然不同的结果。随着信息技术的飞速发展，图书馆所面临的信息环境和社会功能正在急剧地发生变化。作为一种信息服务机构，图书馆的作用正随着用户信息渠道的多元化和丰富化发展而被逐渐削弱，图书馆已经不再是传统信息环境下用户的主要信息源。在这种情况下，图书馆的服务理念也在不断演变和衍生。

一、服务理念的概念解析

理念是一个来自西方的词汇，起源于希腊文"philia（爱）"和"sophia（智慧）"，故理念含有"爱智慧"之意，这种"智慧"是人类对真理的完全认知与透彻的理解，并将之内化为一体，表现在日常的一举一动之中。

服务理念是人类众多理念的一种，是人们在从事服务活动的过程中形成的主导思想，反映了人类对服务活动的深层次认识，是企业实施和贯彻的以顾客为导向的服务主张、服务思想和服务意识。服务理念是服务活动的指导思想，是企业使命和宗旨的具体体现，也是企业服务的责任和目标。

服务理念一般包括服务宗旨、精神、使命、原则、目标、方针政策等。这些服务理念的内容是企业实践活动中形成的指导思想，在服务中具有积极的作用。

二、图书馆服务理念

一个图书馆的服务理念是这个图书馆对于服务工作的理性认识、理想追求及其所形成的观念体系，它是图书馆人的经验特别是其成功经验的高度概括和系统化，是指图书馆围绕读者服务工作的基本方针，是个图书馆的办馆宗旨、原则、目标，是图书馆的服务方式、服务内容、服务态度等的体现。图书馆服务理念是图书馆一切服务工作的指导思想、理论基础、前进方向和行动准则，它指导着整个图书馆的服务活动，指导着图书馆人去做与之相符的事情，决定图书馆服务工作的开展方式并影响图书馆提供服务的结果。它是图书馆观点和图书馆经验的浓缩和代表，也是图书馆服务形象的关键所在。

先进的图书馆服务理念能有效地推进图书馆改革与发展。图书馆作为服务社会的信息机构，如果没有正确的、先进的服务理念，就好比没有正确的行动指南，就不能担当起应有的社会责任，履行应有的社会职能。之所以这样说，是因为，一方面，图书馆服务理念主要是用来指导服务行为的，它对内外公开，让用户对图书馆有更多的认识和了解，它不但能引导用户对服务人员的服务行为进行监督，而且还能统一服务人员的服务思想和行为，以此来规范服务人员的服务态度，进而不断促进图书馆服务的发展。另一方面，在网络时代环境下，图书馆早已失去了信息垄断地位，20世纪甚至出现了"图书馆消亡"论，在新形势下如何实现可持续发展，如何增强其核心竞争力就显得尤为重要和迫切。服务理念影响和决定着图书馆人的思想高度，指导图书馆制定发展规划和战略目标，而发展规划和战略目标往往决定着图书馆的核心竞争力。

由于图书馆社会职能的演进，图书馆的服务经历了从封闭到开放，从借阅到参考服务，从信息服务到知识服务，从无偿服务到有偿服务，从按时服务到及时服务，从馆内服务到馆外服务，从在线服务到全球服务的发展过程。从其发展上来看，在过去，图书馆的服务理念主要有以下几种。

（1）"三适当"准则，这一理念由美国著名图书馆学家杜威在1876年提出，是说图书馆要在适当的时间，给适当的读者，提供适当的服务。

在杜威之后，印度图书馆学家阮冈纳赞在其著作《图书馆五原则》中对"三适当"原则又做了创新和发展，提出了"书是为了用的、每个读者有其书、每本书有读者、节省读者的时间，图书馆是一个生长着的有机体"五项原则，为图书馆理念的确立奠定思想基础。

（2）"小而全""大而全""备而不用""万事不求人"的封闭式服务理念，即每个图书馆都试图建立自己的比较完善的服务体系，争取不依靠外界支持，自己能够为用户提供完备的服务，从而形成一个自我封闭的内向型服务体系。

（3）公益服务理念，在中华人民共和国成立初期，我国的图书馆大多是国家建立的，是完全公益性的，这就使得为公众服务的公益性成为图书馆服务的一大理念。但这一理念同时也带来了一个问题，即图书馆经费由国家提供，图书馆服务讲求公益性，从而造成了传统图书馆人浮于事、效率低下的问题，我们应当清楚图书馆的公益服务并不意味着国家对图书馆的发展要无限制地投入，不意味着图书馆的经营不讲求成本效益，图书馆也应不断提升自身价值。

（4）传统图书馆的服务一般是等读者上门，所有的服务基本是以图书馆为中心，可谓是围绕图书馆馆舍展开的。这是在一定发展阶段，科技水平、社会意识和传统习惯多种因素共同作用的结果，即将藏书、馆藏信息作为图书馆的主体并成为读者服务的唯一物质基础。由于机制、经费、人员、设备的限制，服务工作有许多局限性，同时也束缚了服务人员的思想，缺乏主动服务的精神，图书馆为读者提供的是"等上门，守摊式"的服务。

（5）传统的图书馆面向比较固定的读者群，主要对到馆的读者服务，图书馆以不变应万变，提供固定的一套服务模式，应对不同用户的不同需求。无论你是院士，还是大学新生，都接受同样的服务内容和服务方式。完全是一种卖方市场，由图书馆主宰用户的需求，用户的需求必须适应图书馆所提供的服务。

三、网络时代图书馆的服务理念

随着时代的发展，图书馆界一致认为"服务是图书馆的基本宗旨，是贯穿图书馆发展的主线，是图书馆的核心价值观"。在网络社会，图书馆正日益面临着文化传播载体和传播方式的变革所带来的挑战和冲击，经受着日益严峻的竞争。要想赢得竞争优势，提高服务水平和质量，图书馆人员必须转变服务理念，具体来看，网络时代图书馆人员应树立以下服务理念。

（一）用户至上，服务第一

图书馆的社会价值是从满足用户需求中体现出来的。一个图书馆办的好不好，其办馆效益、社会价值如何，主要以用户对图书馆的认识去衡量，要看他们对利用图书馆的希望程度，对服务项目和服务标准的信誉程度，对服务人员素质和服务水平的满意程度，对服务效果的认可程度。因此在网络时代，在图书馆服务中，不管何时何地，都要"用户至上，服务第一"，要把"为一切用户服务""一切为了用户""满足用户的一切合理需求"作为图书馆服务工作的出发点和归宿。

为充分体现这一指导思想，图书馆采取成立读者工作委员会实施对图书馆工作的具体指导；定期向读者汇报工作，出版图书馆工作年报，如实反映取得的成绩和存在的问题，接受全社会监督；推行义工制，邀请读者积极分子义务协助图书馆工作等。同时，还应该体现在尊重读者的阅读自由，不对读者设置不符合政策、不符合人权的障碍；不能愚弄读者，不能为了显示图书馆的"业绩"或某领导人的"政绩"。

（二）竞争服务，协作服务

图书馆作为人类知识和信息的传播和服务机构，在网络信息资源的巨大冲击下，面临着重大的挑战和竞争。我们知道，随着现代通信技术、信息技术的快速发展和全面普及，越来越多的人开始倾向于通过互联网来获得相关资讯，同时网络技术也在全面改变人们的阅读方式，更多人（尤其是年轻人）更乐于阅读各类电子书，在这种情况下，人们对信息需求的第一获取途径再也不是图书馆。另外，各类书店及读书组织所提供的购书和阅读环境得到了前所未有的改变，纷纷采取了多种方式为人们提供人性、方便、灵活的服务，深受读者欢迎，更加广泛地吸引了广大读者。面对挑战和竞争，图书馆应该充分利用自身的资源优势，在服务工作中转变观念，变被动为主动，强化竞争意识，进一步做好信息的开发、搜集、检索、分析、组织、存取、传递等工作，在网络建设上，加快网络化和数字化建设步伐，提高员工的素质和业务水平，提高服务质量，确保图书馆在竞争中立于不败之地。

进入网络时代以后，知识传播和挖掘的速度也有了很大提升，现代社会每时每刻都会产生大量的知识与信息，图书馆要想完全搜集、掌握所有的知识和信息显然是不可能的，这就要求图书馆界要树立协作意识，只有通过各服务机构的相互协作，才能促进资源共享，使不同服务机构间的资源优势互补，降低资源采购和运营成本，提升协作服务机构内的相关技术水平和服务人员的综合素质，节约大量的人力物力，以此提高协作服务机构的整体效益；只有通过协作，其服务形式才能更加灵活多样，更加丰富多彩，才能提高各服务机构的服务水平。

（三）用户参与，资源共建

长久以来，图书馆业一直关心的一个问题就是，我们能向用户提供什么，这导致了图书馆所构建的丰富的软硬件资源以及所提供的各种类型的服务被用户冷漠对待。进入网络时代以后，随着Web2.0时代所强调的用户主导、用户参与、用户分享、用户创造理念的广泛传播，图书馆也应转变思想观念，树立用户参与思想，将用户参与和互动作为图书馆资源建设与服务的前提依据。也就是说，通过应用Web2.0和泛在智能的相关技术（如MySpace、Facebook、Wiki及目前备受关注的豆瓣网等技术构建图书馆用户的交流社群，使分散在不同应用系统间的个人知识产出不断沉淀，为图书馆积累丰富的资源）让用户付出时间和精力来真正参与图书馆的资源建设，从而让用户开始重视这份投入、开始在乎这份关系，并乐于分享其建设成果。在引导用户参与图书馆资源建设的同时，图书馆还应加强与相关单位的合作，如加强与出版社和数据库商以及电信部门和网络服务商的跨界合作，达到资源、设备的充分共享，从而满足用户在泛在知识环境下的信息需求。

第二节　信息服务体系的构建

用户是图书馆服务的对象，也是图书馆生存发展的决定因素，用户服务工作是图书馆全部工作的出发点与归宿，因此要做好图书馆工作，就必须分析用户的需求、类型及其变化的趋势，提供有针对性的服务，即一种建立在用户满意基础之上的以用户为中心的服务。

一、图书馆服务的对象

传统图书馆主要收藏以纸张为载体的信息，它的服务模式也必然围绕着纸张文献和图书馆馆舍展开。当时的图书馆服务主要是为各类读者提供图书借阅、信息咨询与参考等相对单一的服务，因此在传统的图书馆模式下，读者就是其服务对象。但现代图书馆已不再是一个仅仅满足人们阅读需要的场所。图书馆及图书馆服务的概念正在发生深刻的变化。现代图书馆由于互联网和数字图书馆技术的发展，正从传统的实体图书馆向实体图书馆与虚拟图书馆相结合的复合图书馆方向发展。图书馆除了向人们提供借阅机会以外，也十分重视满足人们的信息需求、文化需求和休闲需求。因此读者已不能涵盖图书馆服务对象的全部范畴，因此这里以用户称之。

（一）图书馆用户的类型

图书馆用户的类型多样，根据不同的分类标准可将其分为不同的类型。

1.根据用户的职业特征分类

根据用户的职业特征，可将其分为工人、农民、市民、军人、教师、学生、干部、科研人员和离退休人员等类型。

2.根据用户所从事工作的学科范围分类

根据用户所从事工作的学科范围，可将其分社会科学用户、自然科学用户以及一些综合性、边缘性学科的用户。

3.根据用户运用图书馆资源的目的分类

根据用户运用图书馆资源的目的，可将其分为文献信息用户和非文献信息用户，文献信息用户可划分为研究型用户、学习型用户、释疑型用户和消遣型用户等。

4.根据用户与图书馆的关系分类

根据用户与图书馆的关系，可将图书馆用户分为正式用户、临时用户和潜在用户。正式用户是在图书馆正式登记立户的注册用户，领有借阅证件，享有固定利用图书馆资源的权利。潜在用户是指具有阅读能力和文献信息需求，但没有与图书馆建立服务关系的人。临时用户指的是未同图书馆建立正式服务关系，凭身份证或其他有效证件偶尔利用图书馆资源和服务的服务对象。

5.根据用户利用图书馆资源的方式分类

根据用户利用图书馆资源的方式，可将图书馆用户分为个人用户、集体用户和单位用户。个人用户是以自然人为单位，独立地利用图书馆的文献信息资源从事阅读或其他活动的服务对象。集体用户是指以固定的机构、团体为单位或由若干人自愿组合成一个小组来利用图书馆资源的用户。他们具有共同的服务需求和利用方式，或在同一单位，或从事同一职业、同一工作，在一定期限内，集体借阅一定范围、一定数量的文献或利用图书馆的其他资源。单位用户是指以固定的机构利用图书馆的用户。该机构所属的部门和个人，在一定的规则下，可以此机构的名义与图书馆建立借阅关系或资源共享关系。

（二）网络时代图书馆用户的特点

在网络时代，随着信息资源的开发和利用，图书馆在资源结构、服务形式以及服务内容等方面发生了很大变化，这些变化也在一定程度上带动了现代图书馆用户的变化，使现代图书馆用户呈现以下特点。

1.用户范围广泛

传统图书馆的服务相对固定，一般局限于本地区、本系统或本单位的相对稳定的用户群。网络环境下，由于网络本身所具有的广域性特征，用户可以不到图书馆，只要遵守一定的协议，拥有一台电脑终端，便可在办公室或家庭的网络计算机上查询信息资源，完全打破了传统图书馆时代信息利用的时空限制。

2.用户数量增长快

进入网络时代以后，随着人们信息意识的不断增强，对信息资源的重视日益加深。这就使得不少图书馆用户逐渐把获取的大量信息和知识当成享之不尽的资源和效益，信息和知识的需求成为用户个人学习、生活和工作中不可或缺的部分，图书馆作为人们信息资源获取的重要渠道，虽然在一定程度上受到网络的冲击，但网络也将越来越多的用户与图书馆相连，越来越多的用户开始通过网络享受图书馆提供的各类服务，从而大大增加了图书馆用户的数量。

3.用户的信息需求多样

传统图书馆时代，用户利用图书馆的主要目的是查找文献、进行科研或学习。而在网络环境下，用户上网搜集信息的目的是多元的。有的图书馆用户是想收集专业信息资源进行科研和学习；有的是为加强可信度、信心、稳固性和身份地位，出于个人整合的需要；有的是获得信息、知识和理解的知识需要；有的则是出于了解信息资源，查询特定事实数据，甚至交际的需要。总之，由于用户个体知识结构差异及查找目的的不同，其利用网络信息的类型也各不相同，呈现出多样性和复杂性。

4.用户水平不一

在传统图书馆时代，用户要想享受图书馆服务，首先要识字，才能通过图书馆中的各项文献资源获得相应信息。因此用户一般是文化水平较高的人。网络环境下的信息载体多元化，多媒体信息直观形象、生动有趣，所传递的信息也通俗易懂，文字阅读能力较低者也能轻松利用。由于信息意识和知识结构的不同，用户之间的信息素养和技能相差较大，导致用户层次参差不齐。

二、图书馆用户的需求分析

用户及其需要是图书馆产生和发展的原动力，没有用户，图书馆就失去了存在的价值和意义。随着网络环境的发展，科技信息开放获取的推进，就读者而言，读书或查寻资料可以通过多种途径来进行，图书馆只是其中的一种可供选择的信息源之一。图书馆工作人员与用户之间的面对面式的直接服务方式将逐渐减少，用户自身利用网络乃至图书馆的设备进行自我服务的比重将增加，这给图书馆服务带来了巨大挑战。为了能够更好地生存并发展下去，图书馆必须对用户的需求进行分析，以便结合用户需求为其提供对应服务。

一般来说，不同类型的用户对图书馆的需求不同，如教师用户的信息需求相对来说目的比较明确，一般查阅教学参考资料和与研究课题相关的文献资料以及各种参考工具书，大多主题明确，范围比较确定，往往自己查找所需资料，强调信息的准确性和可靠性。管理人员要求提供方案咨询服务，即对所查到的信息进行二次加工或提供综述述评等浓缩的三次文献信息，他们对信息的需求呈现时效性、完整性和连续性的特点，强调信息的时效性。图书馆服务人员应根据用户的类型为其提供适应的服务。

此外，进入网络时代以后，随着知识经济的发展，文献资料的大量增加，科学技术的迅猛发展，大量知识信息渗透到社会生活的方方面面。各种信息之间的知识内容互相交叉，各个学科内容之间高度综合化和专门化，新的交叉学科、边缘学科大量涌现，使用户文献信息需求的内容呈现向微观化方向发展的趋势。用户不仅仅需要概括性、叙述性的文献信息，而且更加需要大量详尽的、专指性很强的文献信息，不断增加着专指性比较强的文献信息的需要。

再加上移动互联网的快速发展，图书馆用户对传统文献与声像文献、电子文献的需求并重，呈现出综合化趋势；信息需求向电子化、数字化、网络化信息资源的方向发展；信息需求呈现出全方位、社会化趋势，不仅需要科学技术研究所需要的信息，而且需要有关社会和生活方面的各种信息。在这种情况下，用户对信息的相关性、可靠性和准确性有了更高的要求。与此同时，用户希望能够快速、高效地获取信息，能够随时随地进行一站式检索，并获得相关主题的论文、照片、音频和视频等信息。用户信息需求的高效化主要表现在：首先，用户对满足工作、学习的信息需求较高，要求提供的信息具有准确性和可靠性；其次，用户要求获取的信息方便、快捷，能够减少用户的查询成本；再次，用户要求提供的信息直观、简洁，节省用户的阅读时间。移动信息组织与传递方式的变化，进一步激发了用户对信息高效化的需求。移动图书馆的出现满足了人们的这种需求，但由于受到手机等移动终端设备的限制，移动互联网用户在时间上、获取信息和体验等方面具有碎片化的特征，因此移动图书馆的用户需求也呈现一定碎片化特征。移动图书馆用户的使用行为一般穿插在日常工作和生活中，通常在急需时或等候时会使用，并且每次使用的时间较短，在时间上呈碎片化。同时，移动图书馆用户关注和获取的信息也呈碎片化特征，并且移动阅读层次通常较浅，缺乏深入性，这就要求移动图书馆能为用户提供内容适当、简洁精准的信息服务。

第三节　管理服务体系的构建

进入网络时代以后，随着信息技术的高速发展和普遍应用，人类的交流方式发生了很大变化，这也给图书馆带来了挑战。为适应网络环境的需要，从传统走向现代化，图书馆必须进行服务转型。

一、图书馆服务转型的必然性

当今的中国正处于转型时期，从农业社会向工业社会转变，从封闭半封闭社会向开放社会转变，从单一性社会向多样化社会转变，从伦理型社会向法理型社会转变。此外，在世界信息化浪潮的影响下，我国又提前进入了信息化社会。图书馆作为文化事业的组成部分属于上层建筑，以经济为基础，其变化、发展直接受经济条件的影响、制约。

从内在因素上来说，进入网络时代以后，图书馆的文献、读者、馆员技术手段、建筑设备等要素均发生了变化，如文献载体形式由单一的印刷型向光电型、缩微型的方向发展，磁盘、光盘、海量存储器在图书馆的大量使用，电子计算机存储功能和传递功能在文献利用中的进一步发挥，这些变化也要求图书馆服务随之发生变化，以适应图书馆发展的需求。

从外在因素上来说，一方面，计算机出现以后，人类的信息载体和信息记录方式又有重大的变革，逐渐演变出电子型文献，随着电子技术的迅猛发展，一切文字、图像、声音都可以很方便地转换为计算机可以识别的二进制数字，从而以数字化的形态保存和传递。在这种情况下，若图书馆还是坚持传统的纸质图书文献搜集、整理与保存，必然无法适应资源信息化存储、传递的形势，也无法满足图书馆用户对信息资源快捷利用的心理需求，再加上网络时代信息呈爆发式膨胀，传统的纸质文献整理与传递必然赶不上知识更新的速度，在这种情况下，图书馆必须进行服务转型。

另一方面，网络时代是个创新的世纪，各个行业都在搞创新，如传统学校教育到网络远程教育的延伸，商场封闭式销售到开架式自由选购，再到网络采购等，创新所带来的变化随处可见。如今的社会是以信息文化和公共资源为主要生存轴心的。在数字图书馆时代，任何一个图书馆都可以进行超馆、藏超地域的服务，任何一个读者也都可以通过计算机利用图书馆。图书馆馆藏的多少和馆舍的大小已不再是形成竞争的优势，只有出色的服务才是图书馆的区别所在。出色服务的提供要靠图书馆的不断创新，只有在不断创新中才能有特色，为此，图书馆也必须进行服务转型。

二、图书馆服务转型的基本走向

网络技术的发展给图书馆服务带来了全新的技术环境和人文社会环境，再加上网络技术的全面普及，图书馆服务转型成为必然。从当前的形势来看，图书馆的服务转型主要有以下走向。

（一）服务对象由服务到馆读者向服务社会转变

在传统图书馆时代，图书馆工作人员的服务对象主要是到馆读者，即前来图书馆进行图书借阅、信息咨询的读者。进入网络时代以后，图书馆网络化、资源的数字化的发展，大大消除了读者与图书馆之间的地理障碍，图书馆的服务范围不再受到时空的限制，通过网络它可以为整个社会服务，也就是说除了围绕"本馆"读者组织和进行读者服务工作以外，现代图书馆的服务对象不断拓展，不再仅仅局限于持有本馆借阅证的读者这样狭小的范围，而是大大突破了时间、空间的限制，延展到全国乃至全球。具体来看，网络时代的图书馆不仅可以服务到馆读者，也可以服务于高校，还可以向企事业单位开放，服务地方政治、经济、社会、科技、文化等事业的发展。

（二）服务方式由"传统手工操作方法"向"综合文献技术应用"转变。

在实践中我们可以看到，传统的图书馆服务方式绝大多数属于事务性工作，如图书的借阅与归还、取书归架、采购相关图书等，其手段是以落后的手工操作方法维系对外的各项服务活动，服务水平、服务时效滞后，这种做法除了观念、时代需求等因素外，根本原因还在于传统纸质文献的易损、稀缺和共享性差等特点，导致人们怕文献被弄丢、被损坏、文献不够用等，因此将文献的收藏放在了中心地位。进入网络时代以后，随着计。

算机技术、数字化技术、数据库技术、云计算等的快速发展，图书馆的服务方式也有了很大的变化，图书馆服务的手段也将逐步摆脱传统图书馆以手工操作为主的事务性服务方式，向依靠综合文献信息技术应用转变。换句话来说，在网络时代，应用各类信息技术为用户提供适宜的服务是现代图书馆必然的选择。例如，不少图书馆设计了自助中心平台，完成服务，其服务方式就十分多样。

（三）服务内容由信息服务向知识服务转变

传统图书馆的读者服务工作主要围绕印刷型文献资源和部分非书资料的开发利用来组织和展开。随着大量商业化学术资源数据库的出现、电子出版物的出版和传统馆藏的数字化转换，数字化信息资源成为现代图书馆文献信息资源的主体，知识也成为最重要的生产力要素，知识的生产和创新成为经济发展、社会进步的重要保障。当今社会已进入知识经济社会，图书馆传统的信息服务早已不能满足人们日益增长的对知识的需求。在这种情况下，为了满足用户的需求，图书馆的服务内容逐渐从帮助用户获取文献信息、激活文献信息内容、实现资源共享的信息服务向从各种显性和隐性的知识资源中，针对用户在获取知识、吸取知识、利用知识、创新知识的过程中的需求，对相关信息知识进行搜集、分析、提炼、整理等，为其提供所需知识的知识服务转型。

（四）服务理念由"书本位"向"人本位"转变

在传统图书馆时代，工作人员虽然是为读者服务，但其服务理念一般表现为以书本为主，即以图书的收藏和保存为中心，图书馆的服务一切围绕图书馆开展工作，强调静态信息。进入网络时代以后，科学技术日新月异，信息服务全球化已经成为必然趋势，图书馆作为信息服务业的一个重要组成部分，将会在社会文献信息服务中发挥不可替代的作用，并成为我国信息产业的重要一员。但要切实履行这一职责，图书馆提供的服务必须符合用户的需求，因此图书馆的服务理念也不能停留在过去的"收藏"和足不出户的"借阅与归还"了，而是要从思想深处更新服务理念，以图书馆用户的需求为中心，为其提供适宜的服务，这样才有利于图书馆未来的发展。

（五）服务范围由"图书馆服务"向"资源共享"服务转变

传统图书馆以文献收藏为己任，以印刷型文献为主体，这种基于自我馆藏的图书馆是作为一个书刊存储基地和物理实体机构存在的。图书馆的服务范围仅限于这个特定的场所内，其服务的直接功能是利用自给自足的档案性馆藏，为相对稳定的读者提供"阵地服务"和"定向服务"，满足读者对已知文献的需求，我们把这种服务称为"图书馆服务"。

进入网络时代以后，远程通信技术、网络的应用和推广，使得图书馆与地区网、国内网、国际网联网，正在把图书馆与近程和远程的读者、各类信息服务中心、各种书目利用机构、联机信息检索系统连为一体，为图书馆与其他机构共享资源提供了条件。再加上网络时代知识更新速度不断加快，图书馆想要凭一己之力搜集所有的知识信息是不可能的，只有与其他图书馆、其他机构进行合作，进行资源共享，才能充分发挥图书馆的作用。在这种情况下，图书馆的服务范围必然向"资源共享"转变。这是在网络环境下发展起来的一种新的、重要的学习交流模式，图书馆不仅要方便快捷地为用户提供信息，而且要成为用户不可或缺的信息共享空间开放存取，任何人可以在任何时间和地点、不受经济状况影响、平等免费地获取和使用相关信息，这也是符合网络时代信息交流特点的一种全新的、高效的交流模式。

第四节　服务模式创新的方法

进入网络时代以后，随着网络信息技术的快速发展，以百度、Google等为代表的互联网搜索引擎为人们提供了信息搜索的便捷方式，给图书馆的生存带来巨大挑战。针对这一情况，进行图书馆服务变革成为图书馆界的共识。其中，提倡图书馆服务共享就成为现代图书馆革新的一个重要思路。

一、服务共享的概念

服务共享，简单地说是指经营机构的一种共享机制。随着后工业化的服务经济快速发展，公司经营的利润获取也在发生变化。尤其是一些大公司为了节约成本，纷纷开始成立服务共享管理部门，主要用于处理重复性的日常事务，以最大幅度地提高效率。该种经营模式作为一个独立组织管理其资源；所提供的服务界定为服务共享产品；所承诺的服务符合服务水平协议书的要求；遵循统一的经营思想为整个组织的众多商业伙伴和客户提供服务。

从其概念的分析上我们可以看出，服务共享实际上是将分散在各个业务单元当中那些功能相同、流程相似的业务从原业务单元中剥离出来，并进行集中整合，组建共享服务中心，此共享服务中心以顾客（原业务单元）为导向，向顾客提供收费服务，并形成具有专业化的内部机构。它不仅有利于节约成本，而且是价值的再创造。

自21世纪以来，图书馆行业也逐渐将关注的重点从文献资源转向图书馆服务，一方面资源数字化引发读者到实体图书馆越来越少，另一方面更加关注读者的需求成为图书馆服务的共识。再加上海量信息的飞速产生，使得不少图书馆都开始思考如何准确地过滤和有效利用各种信息，提高各种信息资源的利用效率。在这种情况下，一些学者从企业经营的服务共享理念受到启发，倡导将这一方式引入图书馆行业，从而推动了图书馆服务共享的产生。

二、图书馆服务共享的基础

总体上来看，图书馆服务共享的提出是在新世纪信息技术快速发展，图书馆适应社会发展形势，重视用户服务的产物。细究起来，图书馆服务共享之所以可行，是因为它有以下基础。

（一）Web2.0 的时代背景

2004年，身为互联网先驱和O'Reilly公司副总裁Dale Dougherty在一场头脑风暴论坛中提出了"Web2.0"这个概念，用来表示万维网发展过程中第二阶段的发展趋势。确切地说，Web2.0指的更多的则是基于万维网的第二代网络工具。这些工具可允许用户更多地合作、参与和交流。根据英国《观察家报》在2006年12月24日的报道，"我们已进入Web2.0时代，一个新的架构正在成形，它允许人们以革新的方式与彼此进行联系。由此便出现了博客和用户可上传和交流自己拍摄的录像的YouTube网站。像MySpace、Wikipedia、Skype、Hickr、Facebook、Sec-ondLife等参与性和辅助性网站的蜂拥而至都是这一趋势的体现。"此后，Web2.0这个概念被广泛传播，并迅速发展成一个深入人心的流行术语。这一时代有以下几个方面的特征。

（1）Web2.0让互联网进入了一个崭新的时代，其核心是互联网的服务让用户从受众变成参众，用户成了真正的上帝。在Web2.0模式下，用户可以不受时间和地域的限制分享各种观点，既可以得到自己需要的信息，也可以发布自己的观点。

（2）Web2.0更加注重交互性。不仅用户在发布内容过程中实现与网络服务器之间交互，而且也实现了同一网站不同用户之间的交互，以及不同网站之间信息的交互。

（3）Web2.0时代，信息在网络上不断积累，通过RSS等聚合技术，统一呈现在用户的终端上，不再分别去各个网站。

（4）开放的平台，活跃的用户。几乎所有的Web2.0平台都具有开放性，不仅对于用户来说是开放的，用户因为兴趣而保持比较高的忠诚度，他们会积极地参与其中，而且对于其他互联网网站也是开放的，更加有利于构建各类数据、服务共享系统。

（5）出现大量以兴趣为聚合点的社群。在Web2.0模式下，对某个或者对某些问题感兴趣的群体可以有效聚集，并对这些话题进行深入讨论，自然而然地细分了市场。

就我国的社会现状来看，根据中国互联网络信息中心（CNNIC）发布的第51次《中国互联网络发展状况统计报告》统计显示，截至2022年12月，我国5G基站总数达231万个，占移动基站总数的21.3%，较2021年12月提高7个百分点；我国移动网络的终端连接总数达35.28亿户，移动物联网连接数达到18.45亿户。我国网络基础资源持续优化，为互联网普及率的提升及互联网产业的发展提供了良好的基建基础。

互联网在我国的快速发展也使得Web2.0文化成为我国的一种文化现象。Web2.0文化融合了Web2.0模式下的用户分享、平台开放、信息聚合等特点，并迅速融入现代社会文化中，为图书馆服务共享提供了思想引导。

（二）以用户为中心的服务理念

作为以提供服务为中心而存在的组织，以服务为中心也就是以用户为中心。图书馆通过服务来实现用户与信息之间的双向交流。联机计算机图书馆中心（OCLC）发布的《图书馆认知2010》中确认：现在已经没有人将图书馆门户作为查找信息的首选入口。面对这种困境，图书馆开始意识到信息资源建设和服务工作必须从过去"面向资源"到"面向技术"，并最终实现"面向用户"。一切以用户为中心，把用户对信息资源的需求和利用作为图书馆信息资源组织和建设的根本目的和主要评价标准。

可以说，如何去实践和运用以用户为中心的服务理念这个信念，决定了图书馆管理和图书馆服务的发展方向、路线和结果，也说明新世纪图书馆行业对于读者权利的重视。随之而来的，很多图书馆开始尝试为读者提供个性化的服务：定制收藏、个人门户、学科专题文献推送、手机图书馆定制等，都为随之而来的图书馆2.0的起源和发展奠定了基础。

（三）服务手段和服务内容的多样化

如同之前我们所分析的，现代网络技术和信息技术的全面渗透，为图书馆服务手段的更新和服务内容的延伸奠定了技术基础，在信息技术和通信技术的支持下，现代图书馆的服务手段和服务内容呈现明显的多样化特征：讲座与培训、专题文化展览、在线咨询和交流服务——甚至是BBS、娱乐服务功能、读者利用文献的数据挖掘和分析、文化素质教育、定制复印、信息共享空间、高校科研成果转化的引路、学科研究者的网络虚拟社区等都可以在现代图书馆服务中找到。这些服务有些已经远远超出了传统图书馆服务的范畴，意味着图书馆行业在新时期的探索，这些探索也为图书馆服务共享奠定了坚实基础。

三、图书馆服务共享的内容

在实践中，图书馆的服务共享主要是借由SOA架构的图书馆服务共享体系，通过相关书库标准和互操作标准，实现成员机构所需业务的互联互通，保障用户在各个成员机构能够享受通行的服务。其服务内容主要包括以下几个方面。

（一）传统图书馆服务

图书馆服务共享并不是对图书馆服务的完全变革，传统的图书馆服务依然有其存在的价值，因此也属于服务共享的内容，它具体包括以下几个方面的内容。

（1）馆藏目录的共享。通过图书馆服务共享体系，用户可以获得服务共享的多个图书馆馆藏目录，图书馆编目人员也可以利用共享的书目信息快速完成工作，用户也可以通过目录在网上浏览、借阅相关书籍。

（2）文献传递。对文献传递可按文献的形式进行分类，纸型文献可通过复印、邮寄、电传等形式进行共享；数字资源则可通过E-mail和建立文献传递专用服务器等方式共享。

（3）馆际互借。用户可以利用统一规划的"一卡通"在服务平台内填写并提交馆际互借需求，也可以根据自己的地域，选择适宜的服务模式。

（二）荐购图书

用户可以向其他用户推荐本馆已有图书，也可以在本馆的电子订单中向采编部推荐采购新书。这是图书馆馆藏资源建设的重要渠道，其方式有多种，往往开发专门的服务平台，将出版社和书商最新的书目信息进行推送，供读者按需推荐，馆员收到推荐信息后，查重后自动生成订单。

（三）知识共享

（1）图书馆可以设计用户个人文档、共享文档等功能，以便用户向知识社区上传和共享自己的文档，通过共享服务阅读和下载其他用户的知识文档，也可以通过收藏文档功能将共享文档库中的有用资料建立起快捷访问方式，从而缩短获取知识的时间。

（2）图书馆可以设计读书笔记功能，让用户将自己的读书笔记共享给其他用户，实现知识共享。

（3）图书馆可以设计藏书架功能，让用户可以通过上传私人藏书目录并与其他人共享，从而达到图书交流的作用。

（四）参考咨询

图书馆可以在网络上设置在线回答、评论、论坛、电子邮件等多种方式，与用户进行沟通，并为其提供多种形式的参考咨询服务。通过图书馆设计的各类交际平台，用户可以在线填写相关的咨询、建议或意见，并能及时得到在线馆员的答复或解决方案。

不同的图书馆也可以各自推荐自己的咨询馆员，与其他图书馆的咨询馆员一起组成用户参考咨询联盟，一起为用户提供各项咨询服务，还可以建立FAQ专家知识库，使学科专家参与咨询和图书馆联合咨询成为可能。

（五）知识社区

图书馆知识社区构建于 Web 2.0 技术之上，因为 Web 2.0 的思想完全符合图书馆建设读者知识社区的目的，尤其是"以人为本"的思想。但是图书馆毕竟有自己的实际情况，根据读者的需求设计新的服务功能，可以尝试包括SNS、RSS 的知识订制与阅读、文献资源收藏、图书交易等社区要素。

（六）科技查新的服务共享

用户先填写查新委托书，提交相关资料，并可在系统查询委托查新项目的进度。不同的图书馆具有专业各色，其取得查新资质的方向也不同，服务共享后可以充分利用这些特色，开展更深入的服务。

（七）开放式互动服务

图书馆可以设计"文献互助""图书交易/交换"和"协同写作"等功能实现图书馆知识社区的开放互动功能。其中，"文献互助"已经在"馆际互借"功能中得到体现，这里就不再赘述。"图书交易/交换"主要是为不同文献资源的拥有者提供一个信息交互的平台，以便让读者在最短时间内获得自己想要的知识。"协同写作"则是基于 SNS 技术中的 Wiki 思想的服务，它为做共同研究的用户集体编辑写作同一文章提供的技术支持。协同写作保留历史编辑记录，可以追溯以前的版本，有利于研究团队的组织与管理，便于分工合作。图书交换功能是通过用户上传并共享可供交流的私人藏书信息，为用户间交流图书提供的一项服务，该服务也是弥补馆藏有限的一种措施。图书的交换功能则由用户在系统之外实施完成，充分利用私人藏书开展服务。

（八）人际交流服务

图书馆服务共享并不是单纯的信息共享，也可以通过SNS的基本功能将现实的人际关系虚拟化，并重新构建社会人际关系。在具体实践中，图书馆可以在知识社区中设置"相册""迷你博客"和"好友互访"等功能，帮助用户进行好友添加，为其提供交流的机会和平台。用户也可以好友为中心把各个单一的读者联系成一个人际关系网，基本每个读者与读者之间都是有联系的，自己可以根据自己的交友原则，迅速快捷地建立起知识社区的社交网络。

（九）多样性知识源的聚合（RSS）

RSS 是 Really Simple Syndication 或 RDF （ Resource Description Framework ） Site Summary 或 Rich Site Summary 的缩写，中文称为"简易信息聚合"，也叫"聚合内容"或"真正简单的内容聚合"。作为描述同步网站内容的格式，它是一种基于XML标准的Syndication技术和在互联网上被广泛采用的内容包装和投递协议。但由于不同的组织对于 RSS 技术的标准不一，RSS 至今还没有一个统一的定义，也没有非常贴切的中文概念。

Web 2.0 的核心理念是用户体验。Web 2.0时代互联网的本质是参与与分享。在 Web 2.0时代，人人都是网络资源的贡献者。面对海量的信息资源，Web 2.0通过信息聚合技术，实现了网络服务模式由 Web 1.0时代的人找信息转变为信息找人。RSS就是一种典型的信息聚合技术。它的发布端是信息的提供方，即 RSS源，是互联网上各类提供RSS订阅功能的网站。接收端即用户，用户可根据需要，订阅多个信息来源，并通过RSS阅读软件对多个信息源进行分类管理，快速构建个人信息门户。因此它也被命名为"知识源"，其基本模块为用户提供了如天气预报、移动便签、日程安排、书签等服务，模块中的知识源不仅可以由用户根据自己的需求从图书馆定制或自行添加，同时还可以将已经添加的知识源在知识社区中进行共享。当用户有明确的学习目的但没有确定的学习内容时，知识源的交换与共享可以帮助用户提高学习效率。目前大多数期刊都提供RSS信息推送，读者选用这种方式订阅期刊发文的最新情况，在第一时间获得专业信息。

（十）联合开展阅读推广和其他主题活动

各成员馆可以联合开展主题书展、书评、新书通报、阅读辅导等读者阅读主题活动，开展学者讲座、文献利用培训、影视评介、书画展览等文化主题活动，持有服务共享"借阅证"的读者可免费参与。

第四章　图书馆服务的实践案例

文献信息服务系统，图书馆、情报所及其他信息机构搜集、整理、加工、存储以及向读者（用户）传递、提供文献信息或信息产品，或以文献为基本内容进行研究开发服务等活动所依托的开放性系统。

传统的文献信息服务系统指手工的、局限于单个机构的采访、分编、加工、传统检索和咨询服务等。随着计算机和网络的普及，世界各国图书情报机构逐步开发现代化的基于计算机网络的文献信息服务系统，从传统封闭的文献信息服务模式向开放的网络化、数字化信息服务模式转变。文献信息服务机构通过网络提供本单位的馆藏信息（如学科导航、各种电子书刊、可共享的异地信息资源等）服务。

第一节　图书馆文献信息服务实践

一、文献信息服务

广义而言，文献信息服务是指文献信息机构的整个业务工作，包括文献信息的搜集、整理、编研和提供利用等活动。由于文献信息机构是一个服务性的机构，文献信息业务工作的各个环节相互联系、密不可分，为社会提供文献信息，离不开文献信息的搜集、整理和编研。一般地说，文献信息服务是指图书馆（室）、情报所（室）、档案馆（室）这三类文献信息机构根据用户的文献信息需求，组织用户获取和利用文献信息的工作。这也就是图书馆界所谓的"读者工作"或"图书馆服务"、情报界所谓的"情报服务"、档案界所谓的"档案提供利用工作"或"档案服务"的统称。

狭义而言，文献信息服务单指文献信息机构接待用户、直接为用户提供文献信息的工作。本书所指的文献信息服务是一般意义上的文献信息服务，即用文献信息服务代替"读者工作"、"情报服务"、"档案提供利用工作"等概念，以适应图书情报档案工作一体化和图书情报档案事业整体化发展的需要。

图书馆的文献信息服务是图书馆将各种信息资源，包括纸质的、数字化的以及网络信息资源提供给用户。具体来说，也就是信息服务提供者对相关信息进行搜集、整理、加工，利用各种手段和方式为信息用户（社会或机构内部用户）提供信息产品和服务的过程与活动。信息服务是以用户需求为导向、以信息服务内容为基础、以信息服务方式与策略为保障、以信息服务人员或系统为纽带，借助各类信息工具而开展的活动。其基本宗旨就是更好、更高效地利用信息资源，充分发挥其效用，将实现了增值的信息提供给用户，从而满足信息用户对文献、信息的需求。与此相对应的，图书馆信息服务就是指图书馆以用户的信息需要为依据，以信息资源为基础，利用图书馆的各种设施或其他条件，通过对文献信息或网络信息的搜集、整理、开发、传递和交流，向用户提供信息产品和服务的过程。除此之外，作为社会文化与教育中心的图书馆，开展宣传、教育、导读等服务活动也是其信息服务的主要方面，图书馆信息服务的实质就是向用户传递知识、交流信息、进行教育、丰富文化生活。

（一）文献信息服务的要素

（1）信息服务的对象，亦即信息用户，它是信息的接收者，也是推动图书馆信息服务发展的原始动力。

（2）信息提供者，亦即服务者，也就是图书馆及其相关人员，他们通过对文献资源的选择、加工、整理，形成信息产品来满足用户的信息需求，它是信息服务的主体。

（3）信息产品，它是指经过图书馆收集、整理、加工出来的各种已知的或潜在的社会信息、科学知识及科研成果，它构成了信息服务区别于其他服务的本质特征。

（4）信息服务方法，如推送技术、软件技术、视频技术等，它是开展信息服务过程中所运用的各种技术与方法，是提高信息服务效率的必备手段。

（5）信息服务设施，如馆舍、图书流动车等服务场所和计算机、通讯设备、复印机等技术设备，它是开展信息服务的物质基础。

（二）文献信息服务的特点

1.服务方式多样化

图书馆面对众多的读者，读者的需求是不同的，图书馆开展的活动也是有针对性，所带来的服务也是不同的。从读者角度看需要的服务是 VIP 的快捷服务，图书馆设置了各服务部门，来应对读者的需求服务形式。现代图书馆结合信息服务特点，开展远程、数字、移动方式等服务，来满足读者多样化的文献服务需求。

2.服务内容个性化

图书馆面对多元化、个性化的用户，根据读者需要及时开展个性化服务，为特定的信息找到特定的用户，使信息发挥最大效用。目前，基于网络环境的个性化信息服务模式已初露端倪，大体有词表导航、推送服务、信息传播服务等中介信息服务。

3.服务手段网络化

图书馆的服务重点已经由传统的文献信息服务转变到网络化信息服务。利用数据库、电子出版物、电子邮件等形式的多种服务手段，为读者咨询除了面对面、信函、电话等外，还利用终端机通过网络进行信息远程查询，在网上进行交互式问答，通过电子函件进行服务，读者的检索可以随时随地在网上进行，查询范围也超越了馆藏的界限，可以利用整个网络世界的信息资源。

4.服务范围远程化

互联网的出现，使单个图书馆成为信息网络上的一个节点，人们可以在网络中使用全地区、全国、全球的信息资源，读者对图书馆存取方式可以不受时空限制。

二、文献信息服务的内容与方式

（一）文献信息服务的内容

文献信息服务系统主要包括：①资源共享与馆际互借系统。馆际互借是资源共享的具体体现，是图书馆之间根据协定相互利用对方馆藏，通过邮寄、传真和电子文献传递等方式实现快速文献传递，以满足本馆读者需求的一种文献外借方式，实现真正意义上的资源共享。②联机公共目录检索系统。用户可以在不同地方从不同途径查询馆藏目录，进行网上图书预约和续借，并查询个人借阅情况。传统的联机公共目录检索系统（OPAC）仅提供一个图书馆的馆藏查询，或进一步提供一些外部的数字资源链接。目前，随着检索、馆际互借、流通等环节的标准的出台和广泛应用，这类系统的互操作性能得以加强，传统的OPAC正向We-bOPAC或门户OPAC发展。③文献信息检索系统。提供友好的用户界面，丰富的底层资源，指导用户通过检索得到某一学科或专题领域的详尽的文献线索乃至全文，大大便利用户的学习与研究。先进的文献信息服务系统还提供学科门户网站、一站式检索系统等为用户进行信息资源的整合及导航。④定题情报服务系统。基于因特网和内部网网络环境的高度专业化、智能化的网络专题信息服务系统。采用显式或隐式的手段捕捉用户需求，定期为用户"推送"个性化、精确满足需求的信息，不仅可以节省读者的宝贵时间，而且极大地提高了网络信息资源的利用效果。⑤虚拟参考咨询系统。基于环球网的数字咨询服务系统，是数字图书馆信息服务体系的核心内容之一。系统基于读者的需求，提供电子邮件、在线填写表单、常见问题（FAQ）浏览检索、实时解答等形式的咨询服务，解答读者在利用图书馆及各种资源中遇到的问题。如何灵活运用多方面的环境条件，围绕用户需求，提供多方面、个性化的信息资源与服务是文献信息服务系统的重要任务。

一般意义上的文献信息服务，其内容主要包括以下三个方面：

1.文献信息服务对象研究工作

文献信息服务对象研究工作就是调查研究文献信息用户的工作。要为文献信息用户提供有针对性的文献信息，必须要研究用户，了解用户，掌握用户的文献信息需求规律以及用户获取和利用文献信息的行为规律。因此，调查、分析和发现用户的文献信息需求、文献信息获取行为和文献信息利用行为规律是文献信息服务工作的重要组成部分。

2.直接为用户提供文献信息的工作

直接为用户提供文献信息的工作就是将文献信息机构储存的文献信息以不同的方式提供给用户利用，直接为用户服务的工作。这是文献信息服务的主要方面，其具体内容包括对用户进行文献信息知识教育或其他有关知识教育，文献信息宣传报导服务，文献信息外借服务、阅览服务、复制服务，文献信息咨询服务、定点服务、定题服务等。

3.文献信息服务的组织管理工作

文献信息服务的组织管理工作就是对文献信息服务的各个方面进行计划、组织、指挥、控制和调节的工作。为使直接为用户提供文献信息的工作顺利而有效地进行，必须加强对文献信息服务的组织管理，因此，文献信息服务的组织管理也是文献信息服务工作的重要组成部分。具体来说，文献信息的组织管理包括文献信息服务对象管理、文献信息服务人员管理、文献信息服务设施管理、文献信息服务时间管理、文献信息服务统计等．

以上三方面的工作相互作用、相互制约，缺一不可。其中，直按为用户提供文献信息的工作是文献信息服务工作的主体，文献信息服务对象研究工作是直接为用户提供文献信息的工作的前提，文献信息服务的组织管理工作是搞好直接为用户提供文献信息的工作的保证。

（二）文献信息服务的服务方式

图书馆文献信息服务是图书馆以馆藏为主体，通过搜集、处理、存储、传递各种文献信息并提供技术服务的一项工作。其服务的方式有：

1.传统文献信息服务方式

传统的文献信息服务主要包括外借服务、阅览服务、视听服务、馆外流动借阅和文献复制服务等。它是图书馆信息服务中最基本、最直接、最经常，也是最大量的一种服务方式，是图书馆的主要服务内容。它是读者利用图书馆中各种文献的主要渠道，是图书馆文献资源与读者之间联系的"纽带"，也是衡量图书馆工作好坏的重要标志之一。

2.现代文献信息服务方式

现代信息服务是传统文献服务的延续和发展。一方面，涵盖了传统文献服务项目．采用先进技术，改善服务手段，取得更好的服务效果；另一方面，开发出许多新的服务领域和服务形式。严格地讲它代表图书馆服务的水平和效果，其主要服务方式有图书馆自动化服务、网站服务、电子文献检索和文献传递服务等。

3.宣传与教育方式

（1）宣传与导读服务。要提高文献利用率，图书馆就必须要加强宣传与导读工作。要对读者进行馆情和馆藏介绍、服务项目介绍、各种资源的使用方法介绍等；也可以开展新书通报、书评讲座，编制导读书目，推荐优秀读物等。通过各种形式的宣传报道与导读工作，可以让读者及时了解图书馆文献信息收藏及开发利用情况，吸引更多的读者利用图书馆资源，使读者潜在的文献信息需求转化为现实需求。在网络环境下，宣传与导读还可通过图书馆的主页、微博等途径实现。

（2）用户教育。用户研究，即对用户的阅读需求、阅读心理、阅读动机、阅读兴趣、阅读能力、文献获取行为及规律的研究等，也包括阅读效果及服务效果的评估、用户信息意识的调查等。用户是图书馆的服务对象，对用户的研究是做好信息服务工作的前提，是提高服务质量的重要一环。

在了解用户需求情况的基础上，还要积极开展用户教育工作。在传统的服务环境中，用户教育主要是举办各类与利用图书馆有关的讲座、培训，开设文检课，向读者介绍文献和文献检索知识，辅导读者利用图书馆。在网络环境中，应对用户进行信息基础理论、信息检索、信息利用教育、计算机操作和应用能力教育、网络认知能力和信息评价等方面的教育，不断培养其信息意识，提高其检索和获取信息的技能，提升其信息能力和信息道德水平。

4.其他服务方式

（1）个性化信息服务。个性化服务是指图书馆根据用户的特性提供具有针对性的信息内容或系统功能，能够满足用户的个人信息需求的一种服务，它包括个性化信息定制服务、个性化信息推送服务、学科信息门户服务、个性化信息推荐服务和个性化信息检索服务几种形式，是培养个性、引导知识信息消费、促进知识创新的人性化服务，是当前图书馆信息服务的重要内容和发展的趋势。

（2）现代参考咨询服务。参考咨询是图书馆参考咨询人员针对用户提出的疑难问题，利用各种参考工具、检索文献、专题数据库及网络资源，帮助用户查寻或直接提供有关文献、信息及信息检索途径，用个别解答的方式为用户服务的一种服务方式。参考咨询服务的形式与内容随时代而发展。

三、文献信息服务的发展历程

从19世纪的封建藏书楼时期，到读者服务开创初期，再到今天的计算机与网络的广泛应用时期，人们无时无刻感受着图书馆信息服务的巨大变化。在日新月异的信息环境中，图书馆在信息资源采集、组织加工、信息服务、管理模式等诸方面都随之发生着深刻的变革，经历了传统信息服务、自动化服务到数字时代图书馆信息服务三个发展阶段。

（一）传统信息服务阶段

传统信息服务阶段主要指20世纪80年代以前的传统图书馆所采用的信息服务方式。它以纸质印刷型文献资料为主，也包括缩微型、视听型、机读型等非书资料。采用藏与用相结合的模式。在服务中，藏书是核心，是主体因素；而读者则是客体，居于从属地位。借阅方式主要以馆内阅览、馆外借书为主，读者必须到馆才能获得服务。读者服务活动主要都集中在图书馆的建筑实体内，实体馆藏是图书馆开展服务的必要的物质基础。而文献资源只为一馆所藏，来源单一，脱离了完整的社会信息资源体系。图书馆的读者服务以馆藏文献的物理查检与传递为主，大多以整本书刊为传递的对象，属于简单信息服务而非增值信息服务。其他的服务方式如参考咨询、馆际互借、文献开发等，规模小且质量不高。馆员着重的是图书的收集、加工和流通等，是所谓的资源管理者。馆员的大部分工作都是手工操作，体力劳动较多。传统服务主要包括外借服务、阅览服务、馆际互借、复制服务、文献报道服务、文献宣传服务、文献检索服务、文献开发服务、参考咨询服务、读者教育服务等。总体来说，传统图书馆的服务是"以馆藏为中心"，"以馆员为中心"的阵地式服务，它受开馆时间和物理空间的限制，一般是"等客上门"的被动服务的模式。为读者服务的核心能力是以馆藏文献的多少来决定的，而非图书馆的信息服务能力。

（二）自动化服务阶段

20世纪80年代以来，随着计算机技术广泛应用于图书馆的各个工作环节，计算机代替了传统的手工操作，实现了采访、编目、流通、检索及内部管理的自动化。技术手段的转变引起编目模式、流通阅览模式及参考咨询模式的相应转变，信息服务的空间和范围极大地拓展。图书馆的信息服务开始摆脱传统的服务方式，摒弃单个、重复、被动、琐碎的手工服务，开展机读目录检索、联机检索、光盘检索、数据库远程检索、文献传输等服务，变原有的图书馆一对一、人对人的传递方式为一对几、机对人的播报型传递方式。特别是流通自动化系统的运用，使得文献信息服务的效率大大提高。图书馆提供信息资源的范围和载体也更加广泛，馆藏文献由单一的印刷型文献向以磁介质、光介质为媒体的电子文献、机读文献转化。图书馆服务工作从满足书刊借阅的文献需求为主，转移到以满足知识信息需求为主、以信息开发服务为主，变"我有什么，就给你什么"为"你需要什么，我就给你加工、提供什么"，信息服务的针对性大大增强。图书馆从文献资料的收藏者和提供者，转变为信息产品的生产者、开发者和提供者。

总之，自动化服务阶段是传统服务与数字化信息服务相对接的服务阶段。在这一阶段中，传统服务与现代服务相辅相成，优势互补，在多种信息资源的基础上，利用现代化技术手段提高工作效率和服务质量，更好地满足用户的需求。

（三）数字时代图书馆信息服务阶段

数据库技术和网络技术的快速发展和在图书馆的广泛应用，使图书馆逐步形成了依托馆藏文献和各种数字资源，以信息资源管理为基础，以网络为支撑平台，通过网络全面地提供检索、浏览、下载、咨询和知识导航等形式多样的网络数字资源服务模式。在这种从纸质资源到数字资源，从图书借阅到远程获取，以知识服务为主的新型服务模式下，图书馆的工作重心从收藏转向获取，从文献描述转向文献传递，从提供文献线索转向提供分析、加工后的增值信息产品。图书馆服务水平的高低也不再单纯由馆藏数量多少和规模大小来决定，而主要取决于联机数据库、网络信息存储和传递的能力以及图书馆服务的质量。数字图书馆的信息服务是一种以知识为基础，综合利用现代科学技术和方法，为解决用户所面临的各类现实问题而进行的一系列智力活动，强调的是对用户的知识援助和智力开发，体现的是一种"知识传递"和"知识增值"服务。

第二节 个性化服务的实践案例

一、文献外借服务

文献外借服务是指信息服务机构利用一定的空间和设施为用户创造各种阅览条件，让用户在指定时间和场所进行文献的阅读，或将文献出借给用户的一种信息服务方式。

图书馆收藏大量文献的目的是供读者阅读利用的，文献对外出借就是最主要的方式。图书馆有大量的文献（主要是印刷型文献）读者需要用较长的时间才能通读完，因此，图书馆允许读者通过办理必要的手续后将馆藏文献携出馆外，并在一定时期内归还。在规定的期限内享受自由使用的权利并承担保管、保护义务。文献外借是最受读者欢迎和读者最常用的方法。文献外借满足了读者在阅读时间、阅读方式、阅读范围等方面的需求。图书馆通常将有复本的普通书刊提供外借，对那些无复本或按规定不允许外借的文献则采用其他方式提供服务。

外借服务方法，是满足读者将部分藏书借出馆外自由阅读的方法。它在一定程度上满足了读者阅读文献的需要，同时也比较方便，普遍受到读者的欢迎，因而成为传统的、基本的服务方法之一。目前，在图书馆的读者服务工作中，大量的工作还是通过采用这种方法来完成的。

（一）文献外借服务的形式

外借服务方法有多种形式。根据各种读者的组织形式和需求程度，可以把外借服务方法归纳为以下几种具体形式：

1.个人外借

个人外借是图书馆文献外借最传统、最基本的形式。读者要在图书馆办理借书证或借书卡（磁卡），凭借书证或借书卡，以个人读者的身份在馆内设置的借书处外借馆藏文献。根据读者外借文献内容的需求、馆藏文献的类型、读者成分的不同，图书馆可以分别设置功能不同的借书处，用于满足读者的不同需求。个人外借作为图书馆为读者服务的基本形式，是图书馆文献流通数量最大的形式。

2.集体外借

集体外借是图书馆为群体读者服务的方法。按照图书馆的规定办理集体借书证，由专人负责，代表小组成员或单位读者向图书馆借书处集体外借批量文献，以满足集体读者和单位读者共同的阅读需求。"集体外借"与"个人外借"不同，这种方法一次外借的文献品种多、数量大、周期长。在借阅周期内，读者可以从图书馆借出的文献中，自由的交换调阅自己所需的文献。集体外借，一人借书，众人享用，减少了其他人往返图书馆外借文献的困难和时间。这种服务方法在方便读者、满足读者阅读需要的同时，还可以利用图书馆合理安排分配有限文献，缓和供求矛盾，节省接待读者的时间。因此，这种方法在公共图书馆、学校图书馆、科学专业图书馆采用得非常普遍。

3.馆际互借

馆际互借是图书馆之间、图书馆与文献情报部门之间建立馆际协作关系。由于各图书馆的任务不同，收藏文献范围、类别、类型等不同，为了解决本馆文献无法满足读者阅读需求的问题，帮助读者从其他图书馆借阅文献的一种服务方法。通过邮寄或直接外借的方式，为读者间接借阅所需文献。这种外借服务方法，不仅适用于本地区图书馆之间、图书馆与文献情报部门之间，同时还适用于国内图书馆之间、甚至国际图书馆之间或图书馆与文献情报部门之间。因此，这种方法变馆藏为地区之藏、国家之藏，以至世界之藏，打破了馆藏资源的封闭界限，也打破了读者利用图书馆文献的空间界限，实现了不同范围、不同地区文献信息资源的共享。这种服务方法已成为解决读者特殊文献需求的重要方法。

馆际互借在西方有着悠久的历史。1901年，美国国会图书馆开始对其他图书馆实行馆际外借服务，并向大约400多家图书馆提供馆藏目录卡片。1917年，美国图书馆协会制订了《美国图书馆互借实施规则》，它是世界上第一个馆际互借规则。之后，英国、苏联等国家图书馆也颁布了相应的规章制度。1993年由美国图书馆协会与成人服务专业委员会再次修订了美国图书馆互借规则，2001年又加以修改，定名为《美国馆际互借规则》。该规则顺应馆际互借的发展，强调了数据保护，对获得申请馆授权可自办的读者减少了代办中间环节，缩短了资料获取时间。如今，国际联机计算机图书馆中心（OCLC）在开展全球信息资源共享、推进全球馆际互借服务方面进行了卓有成效的探索，把传统的馆际互借服务推向了新的高度。OCLC大力发展成员馆，开发了一个馆际互借系统，利用这个系统OCLC的成员馆可通过网络完成成员馆之间的馆藏互借。

就我国而言，关于馆际互借的规定，最早可见于1924年6月的《上海图书馆章程》，而最早开展馆际互借服务的则始于1927年北平图书馆（现国家图书馆）。我国于1956年颁布《高等学校图书馆馆际互借办法（草案）》，次年，国务院批准了《全国图书馆协调方案》，1990年国家科委颁布《中国科学院文献情报系统馆际互借规定》。目前我国开展馆际互借服务以国家图书馆、上海图书馆和北京地区高校图书馆文献资源保障体系（BALIS）系统为代表。

4.预约借书

预约借书指的是读者向图书馆预约登记某种需要借阅但暂时借不到的文献，待读者所需文献入藏后或其他读者将文献归还图书馆后，即按照预约登记的先后顺序通知读者到馆办理借阅手续的一种外借服务方法。一般地说，读者一时借不到所需文献，主要原因是：一是读者所需文献已经被别的读者借阅，暂时还未归还；二是读者所需的文献虽然已经采购到馆，但还未加工完毕，尚未入库流通；三是读者所需文献因排架时出现差错，一时无法满足借阅需求。无论是何种原因，只要读者所需文献归还图书馆或加工完毕入库流通，图书馆都将按照读者登记的顺序通知读者到馆办理借阅手续。因此，这种方法在满足读者的借阅需求、方便读者的同时，对降低文献"拒借率"提高馆藏文献的利用率有十分明显的作用。

5.邮寄借书

邮寄借书是一种通过邮政通讯手段将读者所需文献邮寄给读者利用的服务方法。这种方法的服务对象可以是个人读者，也可以是集体读者或单位读者。开展"邮寄借书"，对远离图书馆且急需借阅文献的读者用户来说，为他们提供了一种行之有效的服务方法。因此，这种方法深受读者用户的欢迎，也是图书馆"一切为了读者"服务精神的体现。

6.流动借书

流动借书是一种通过馆外流通站、流动服务车等手段，将馆内文献送到读者用户身边开展借阅活动的服务方法。"馆外流通借书"扩大了文献流通的范围，方便了不能直接到馆借阅文献的读者，密切了图书馆与读者的联系，满足了读者阅读文献的迫切需求。

图书馆定期将部分馆藏文献送到馆外供读者选择借阅。这种方式可方便不能亲自来馆的读者，扩大文献流通范围，密切图书馆与公众的联系，是基层图书馆经常采用的形式。

很多国家，图书馆界意识到当代社会要求需要加强图书馆社会职能，应把图书馆服务扩展到广大的潜在读者群中去。因此，图书馆广泛开展多种多样的流动服务，为远离图书馆或不便于到馆的读者及潜在读者提供的馆外文献服务。汽车图书馆是主要的流动图书馆服务方式，它又称流动书车。一般用装有书架和借书桌等设备的汽车，将图书馆的部分书刊资料定时定点地送到厂矿、农村或其他偏远地方，供读者阅览，并办理外借手续。有时还开展宣传图书或普及知识的群众性活动，如举办朗诵会、图书展览、读者会议、座谈会等。一些图书馆除提供印刷型文献的流动服务外，还携带录音录像磁带、科技电影和放映设备到流通点播放。

（二）文献外借服务的特点

1.它可以使读者不受图书馆时间和空间的限制，极大地方便读者利用图书馆文献资源

由于图书馆接待读者的时间和空间是有限的，难以满足大量的读者经常在图书馆内阅读文献的需要。通过外借服务方法，读者可以在规定的期限内，自由地安排阅读时间和地点，不受图书馆开放时间和阅览室空间的限制，从而充分利用所借的书刊文献。

2.可以降低图书馆工作人员借还图书的工作量，减缓阅览室空间紧张的矛盾

长期以来，由于我国图书馆读者服务手段落后，图书馆工作人员劳动强度大，以及阅览室空间紧张，已经成为图书馆读者服务工作发展的桎梏。要降低和减少

读者服务的劳动强度，缓和有限的空间设施和读者日益强烈的文献需求之间的矛盾，就要在外借服务方法上进行改革和创新。

3.能够诱导读者潜在需求向现实需求的转化，促进读者阅读行为的产生

由于外借服务方法提供给读者的是以整本书刊为单位的原始文献，比较直观。尤其是在开架借阅过程中，读者与文献直接接触，可以刺激读者阅读欲望的产生，使潜在的需求转化为现实需求，从而产生阅读行为。对那些不能前来或不能常来图书馆的潜在读者，通过巡回外借服务、送书上门、馆外流通、邮寄借书等形式，使他们方便地借到和利用自己所需要的文献，以充分满足他们的文献需求。

4.不能满足读者的全部借阅需求

由于外借服务方法不仅有外借范围、品种和期限等方面的限制，而且对读者的借阅权限也有限制，并非所有的读者都能享受外借图书的权利，因此它只能满足读者的部分文献需求。

5.文献破损率较高，影响文献的使用寿命

由于文献经常处于流通状态，使文献的外观形态受到损害，从而影响文献的使用寿命。

正是由于外借服务方法的这些特点，促使图书馆既要最大程度地发挥外借服务方法的有效功能，又要采用其他的服务方法，以弥补外借服务方法的不足，从多方面满足读者的文献需求。

二、文献阅览服务

文献阅览服务是图书馆另一项最基本、最受欢迎的读者服务，是利用图书馆的文献、建筑、设备等条件，吸引读者利用图书馆资源的一种服务方式，它是图书馆读者服务的一种主要方式。各级各类图书馆都设有不同类型的阅览室，配备有一定数量的服务人员，直接为读者提供文献，开展阅览服务。

（一）阅览服务的特点

阅览服务与其他服务方法相比，具有以下几个特点：

1.具有完备的辅助书库藏书体系

在一般情况下，图书馆为提供阅览服务的阅览室，配备了为读者阅读和参考使用的辅助书库，这些辅助书库根据不同读者类型、不同使用方式配备了种类齐全、新颖丰富、使用价值较高的各种文献，包括了许多不外借的文献（如期刊、工具书、二次文献、特种文献、珍贵文献、手稿典籍等），优先保证读者在阅览室的阅读利用。因而，阅览室辅助藏书具有全面性、现实性、针对性、流动性的特点。

2.读者可以在阅览室内充分利用文献内容

由于阅览室将丰富的藏书陈列于室内，使读者能够按照自己的专业和需求，自由选择文献中的篇章段落、数据图表以及特定知识和信息，不受数量品种的限制。同时读者还可以利用图书馆的特殊阅读设备，如显微设备、视听设备、复制设备，等等，这些都为满足读者对文献的可读、可查、方便、可行的要求提供了现实条件。既满足读者对特定文献的需求，又可以避文献的不必要外流，提高了文献的利用率。

3.就室阅读

就室阅读可以说是阅览服务最明显的一个特点。由于阅览室的辅助藏书品种多，复本量小，在内容上保持相对稳定、全面、系统和完善，为读者的文献利用提供了丰富的文献资源。通过就室阅览，满足读者特殊的需求，提高文献周转速度，尤其是对一些在外借服务中不能提供的文献，读者可以通过就室阅读进行利用。

4.为读者提供了良好的阅读环境

一般来说，阅览室有宽敞的空间、舒适的桌椅、精良的设备、明亮的光线、整洁的环境、安静的气氛，为读者学习和研究提供了良好的环境。有些专门的阅览室，如声像阅览室、缩微阅览室等，还配有供阅读视听资料和缩微资料之用的阅览设备，这样的阅读环境和条件是其他任何地方也无法比拟的。所以，当读者走进阅览室时，就会被浓厚的学习气氛所感染，从而自觉地投身于恬静肃穆的学习环境之中，大大提高阅读效率。

5.图书馆工作人员可以认真地观察、分析和研究读者

读者在阅览室阅读的时间多，周期长，有的读者甚至长期利用阅览室的文献，使图书馆工作者有较多的机会去接触读者，了解读者，掌握读者文献需求的动向和阅读效果，辅导读者利用各种检索工具查找文献线索，从而密切了馆员与读者的联系。

（二）阅览室的种类

设置各种类型的阅览室，发挥各自的作用，并使它们形成相互配合、相互补充、有机联系的阅览室体系，以尽可能全面而又有区分地满足各类读者的不同需要，是搞好阅览服务的基本保证。设置阅览室的数量、类型与规模，应依图书馆的实际条件和读者需要而定。

综观各类型图书馆所设置的阅览室，大体可分为三种类型，即普通阅览室、分科阅览室和参考研究室。各种阅览室在设置目的、藏书范围、读者对象以及具体作用上，都有其不同的特点。

1.普通阅览室

普通阅览室是为读者一般性的学习和阅读提供参考自学的场所，通常配备了常用性的书刊资料，其内容范围综合广泛，现实性强，适用于各个层次的读者选择。普通阅览室一般规模较大，座位较多，利用率极高，接待读者广泛集中，借阅手续简单方便，很受读者欢迎。普通阅览室按照阅读活动的使用方式，可以有三种组织形式。第一·，单独配备辅助书库的普通阅览室。这种阅览室的辅助书库与阅览室既分开又相连，读者查找目录，填写借书单，等候馆员取书，押证借出，就室阅览，也称闭架借书阅览室。第二，室内陈列藏书的普通阅览室。其辅助藏书与阅览室结合在一起，读者可直接在室内开架的书架上自由选取，就近阅览，不须办理任何借还手续，也称开架阅览。第三，读者自带书刊自学的阅览室。室内不配备系统辅助藏书，只配备少量现期报纸杂志，允许读者自带书刊进入室内学习，具有自修学习室的性质。

2.分科阅览室

分科阅览室是为满足不同类型的读者对象对特定文献的不同需求层次而设立的专门阅览室。它通常根据知识门类、读者类型、文献类型和载体形式进行组织，从而成为图书馆阅览服务体系的主体部分。第一，各种知识类别的分科阅览室，是按知识门类设置的。这种阅览室集中了某些学科范围的系统藏书，便于读者按专业和课题查找和利用文献，也便于工作人员熟悉、研究某些学科知识与文献，向专业化方向发展，成为专业文献专家。如社会科学阅览室、自然科学阅览室、文学艺术阅览室、应用科技阅览室，等等。第二，各种读者类型的阅览室，是按读者对象设置的分科阅览室。这种阅览室的设置是为了从读者群的职业、年龄、文化程度及对文献的特殊需要出发，有针对性、有区分地为不同读者群开展阅览服务，便于工作人员专门熟悉和研究某些特定读者的阅读心理、阅读需要、阅读特点与阅读效果，成为读者阅读与检索文献的助手和参谋。如学生阅览室、教师阅览室、科研读者阅览室、少年儿童阅览室，等等。第三，各种藏书载体的分科阅览室，是按文献的载体形式设置的分科阅览室。这种阅览室的设置是为了专门管理和集中使用具有特殊条件的各类型出版物，满足读者对某些功能显著的文献类型的系统需要。如古籍善本阅览室、缩微资料阅览室、视听资料阅览室，等等。此外，还有按语言文字设置的阅览室，如外文图书阅览室、少数民族语阅览室等，以便为懂得有关语种的读者提供集中查阅和参考利用。

3.参考研究室

参考研究室是为有关专家读者进行科学研究活动专门设置的集阅读、研讨为一体的多功能研究室。这是一种特殊类型的阅览室，是为了满足科学、教育、文艺及其他专业工作人员从事科学研究或创作，需要集中一段时间参考阅读有关方面的文献而专门开辟的。它具有规模较小，专人专用；时间较短，集中利用；内容专深，针对性强；及时更换，灵活方便等特点。参考研究室在整个阅览室体系中，格局独特，既是阅览室，又是研究室、工作室、会议室和业务办公室。而且参考研究室对辅助藏书的要求非常严格，多由专家亲自挑选和使用。目前许多国家的图书馆在其布局上发生了很大的变化，如在书库与阅览室之间设置参考研究室，以满足读者的特殊需要。

（三）阅览服务方式

文献阅览服务是图书馆读者服务的重要文献流通服务，它不仅受到所有图书馆的重视和广泛采用，而且阅览服务方式也在不断的创新和发展。从许多图书馆读者工作的实践看，文献阅览服务的方式主要有下列4种：

1.闭架阅览方式

闭架阅览方式指的是不允许读者进入文献库在书架上自由挑选所需文献，而必须通过馆员提取才能借阅馆藏文献的一种借阅方式。在这种阅览服务方式中，读者可以进入阅览室，但不允许进入书库自我提取阅览所需文献，只能通过阅览室的图书馆员，由图书馆员代取。因此，读者要阅读适合自己需要的某种文献时，必须按照阅览室的规定，通过查阅目录，填写借书单，由服务人员到书库凭借书单，办理借阅手续后，才能阅读使用。用后即刻返还，不能携带出馆外。

2.开架阅览方式

开架阅览方式指的是允许读者进入阅览室或书库，并在书架上自由挑选取阅文献的一种服务方式。在这种阅览服务方式中，读者具有高度的自由权。首先，读者进入阅览室或阅览室的辅助书库时，没有任何限制；其次，读者可以在书架上随意挑选文献，取阅文献。因此，这种阅览服务方式深受读者的欢迎，也是现代图书馆服务方式发展的一种趋势。

3.半开架阅览方式

半开架阅览方式指的是图书馆利用陈列展览的形式，将部分流通量大的文献或最新入藏的文献安放在特制的可视书架上，读者可以看到书脊或封面上的有关内容，进行浏览挑选，并通过图书馆员提取借阅的一种阅览服务方式。这种阅览服务方式，有人称之为"亮架"式。"半开架阅览方式"与"闭架阅览方式"相比，对读者的开放程度相对高一些，读者在挑选借阅文献时，"半开架阅览方式"与"开架借阅方式"相比，对读者限制多一些，读者最渴求的是一种自由挑选、独立使用的权利，在这种服务方式中读者受到诸多限制，最重要的是不能自由取阅，必须通过图书馆员的传递。此外，在这种服务方式下，图书馆提供给读者利用的文献只是馆藏文献的一小部分，远远不能满足读者的阅读需求。因此，"半开架阅览方式"作为一种介于"开架借阅方式"与"闭架借阅方式"之间的辅助阅览体制，尽管其有独特的作用，但只能作为一种特定条件下的辅助方式采用。有条件的图书馆，还应该尽可能地采用"开架借阅方式"。

4.三结合阅览方式

所谓"三结合阅览方式"，指的是在图书馆为读者提供阅览服务时，同时采用"开架"、"半开架"和"闭架"的方式。采用这种阅览方式，一般做法是根据馆藏文献的复本多少、新旧程度、参考价值和读者需求等方面的情况，将一部分文献公开陈列在阅览室内供读者随意阅览；一部分文献在半开架书架上由图书馆员帮助借阅；一部分文献则收藏在书库中，读者通过查找目录后，通过图书馆员办理借阅手续在阅览室内阅读。

（四）阅览服务管理

从图书馆为读者服务的阅览方式、阅览室的类型、数量都将影响到图书馆的工作效果。为此，每个图书馆在设置阅览室时，都要认真研究本馆的实际情况，比如本馆的性质、任务，本馆的馆藏文献量和特点，本馆的读者数量和主要成分，以及本馆的客观条件等，建立的各种类型、各种功能的阅览室。在阅览室具体设置、布局之时，要尽力考虑阅览室的环境条件，比如光线是否明亮、空气是否流通、环境是否清洁整齐、安静舒适、是否具有浓厚的文化、科学氛围等。为读者看书学习、研究问题提供一个良好的环境。

1.读者的管理

对读者的管理要求做到管理方法科学、服务态度端正。阅览室工作人员要把读者当作图书馆的主人，当作自己的朋友，在管理读者的时候要尽力改进工作方法，态度热情和蔼，讲话亲切诚恳，注意语言的艺术和技巧。

读者工作的实践经验告诉我们，一个条件完备、馆藏文献丰富的阅览室，必须有完善的规章制度来保证。因此，在具体制定阅览服务的规章制度时，要明确规定每一个阅览室的馆藏文献特点和它的重点服务对象；要明确规定读者利用阅览室的基本条件和具体使用馆藏文献的方法步骤；要明确规定读者爱护书刊的要求和丢损书刊后应承担的责任；要明确规定读者和图书馆员都应维护的公共秩序和公共环境的基本要求。如此等等，都是应当在阅览服务制度中明确规定的内容。与此同时，还要在具体工作服务过程中，认真贯彻执行有关规章制度的内容，使规章制度能落到实处。

2.工作人员的管理

阅览室的各项管理工作都必须靠工作人员去做，因此，要做好阅览室各项工作，首先要加强工作人员自身的管理，提高自身的素质。其次加强学习，具备广博的科学文化知识、专业知识和扎实的图书情报业务知识以及较强的服务工作能力。馆员还要有观察、了解、分析读者的能力，以及谦虚谨慎、互相尊重、相互支持、团结协作的美德，才能共同搞好阅览室工作。

3.文献的管理

图书文献是人类数千年智慧的承载物，是图书馆赖以完成基本工作任务的物质基础。因此，阅览室所收藏的文献必须适用于主要服务对象，必须具有广泛的适用性，如学生开架阅览室的文献，必须适合广大学生教学参考的需要，非教学参考书不作为重点收藏对象。对馆藏文献布局和排架，也必须讲究科学性、合理性。相关学科的文献应集中到同一处，不能分散排架，并且对文献进行细排架，以方便读者查找。

第三节　参考咨询服务的实践探索

一、文献传递

1.文献传递与文献传递服务

文献传递是将用户所需的文献复制品以有效的方式和合理的费用，直接或间接传递给用户的一种非返还式的文献提供服务，它具有快速、高效、简便的特点。

现代意义的文献传递是在信息技术的支撑下从馆际互借发展而来，但又优于馆际互借的一种服务。通过开展文献传递服务，不仅缓解了图书馆经费、资源不足与读者日益增长的文献需求之间的矛盾，也对教学科研起到了很好的支撑作用。

文献传递是文献资源共享的重要方式之一。根据《新编图书馆学情报学辞典》的定义，文献传递服务是图书馆或其他文献收藏机构根据读者要求，直接向他们提供所需文献的服务方式。文献传递服务主要是通过复制、拷贝、扫描原文，然后采用邮寄、传真、e-mail等方式将文献传递到用户。如今文献传递服务已经成为当代图书馆一个非常重要的服务领域，这项在世界发达国家图书馆已经开展了几十年的服务充分适应现代读者的需求和图书馆业务拓展的特点，已经越来越展示出它强大的生命力。

2.文献传递的发展历史

最初的文献传递服务是由图书情报机构以图书馆与图书馆之间的互相借阅形式（即馆际互借）出现的。19世纪中期，德国的默尔（Robertvon Mohl）首次提出了图书馆之间藏书建设分工协调的思想，到1893年德国就制订了馆际互借条例。1917年，美国图书馆协会也制订了馆际互借规则，明确指出图书馆可利用他馆的资料供个人使用。以馆际互借为主要形式的文献传递服务主要包括异馆间的图书借阅、资料复印等，一般免费提供，用户几乎不承担费用，必要时采用邮寄方式传递给用户，这是最初的文献传递形式。

进入20世纪后，人们普遍认为由于世界上大量出版物的不断涌现，任何一个图书馆只依靠自身的馆藏已不能满足读者的广泛要求，必须要依靠图书馆之间的资源共享、相互协作来保障资源的提供，这个共识是文献传递发展的动因。随着计算机远程数据库检索并确认文献线索，然后获取原文的替代品，并以收费的方式获取资料，由此诞生了电子化文献原文传递服务。

到了20世纪90年代，文献传递服务进入成熟兴盛期。计算机技术、网络技术、数据库技术的成熟与发展给文献传递服务的发展带来了契机，一些界面友好、检索提问方式简单、功能齐全的综合型和专业型数据库纷纷涌现，特别是Z 39.50协议的推出，打破了文献数据信息通信和传递网络化的屏障，实现了分布式数据库系统的透明互访，为用户检索提供了极大的方便。联合目录数据库、全文数据库和电子书、电子期刊数据库的大量涌现也为文献传递提供了更广泛的可供选择的资源保障。

如今，随着信息化、网络化、数字化在图书馆领域的深入应用，开放的、互联的、便捷的、整合的文献传递网络体系已逐步形成，它突破了传统的空间局限性，使得文献资源在整体开发、交流，利用的深度、广度以及传播的速度上都发生着巨大的变化。在这个无边界的开阔的高速低廉运行的"大图书馆"环境中，文献传递服务正发挥着越来越重要的作用。

二、国内主要文献传递服务机构

21世纪以来，文献传递服务在中国大陆得以迅速发展。中国大陆文献传递服务的代表主要有国家图书馆、三大图书馆联盟（CALIS、CSDL、NSTL）和上海图书馆。

1.国家科技图书文献中心（NSTL）

NSTL是国家科技图书文献中心（National Science and Technology Library）的简称，国内最早的联盟性质的虚拟式的科技文献信息服务机构，2000年6月12日经国务院领导批准科技部联合财政部等五部委成立，以文献传递服务为主要业务。同年12月正式开通了NSTL网络服务系统。NSTL采取"统一采购、规范加工、联合上网、资源共享"的运行机制，其目标是建立一个国家级的科技文献信息资源保障与服务体系。NSTL网络服务系统作为对外服务的重要窗口，通过互联网向全国用户提供全方位的科技文献信息服务。

2.高校图书馆文献传递系统（CALIS）

CALIS是中国高等教育文献保障系统（China Academic Library&Information

System）的简称。作为国家经费支持的中国高校图书馆联盟，CALIS的宗旨是：在教育部的领导下，把国家的投资、现代图书馆理念、先进的技术手段、高校丰富的文献资源和人力资源整合起来，建设以中国高等教育数字图书馆为核心的教育文献联合保障体系，实现信息资源共建、共知、共享，以发挥最大的社会效益和经济效益，为中国的高等教育服务。

高校图书馆馆际互借和文献传递系统是经国务院批准的我国高等教育"211工程"总体规划中两个公共服务体系之一，于2004年正式开始运行。截至2010年底，部署、开通CALIS馆际互借和文献传递系统的图书馆已经达到200多家，其中有近100家已经正式使用此系统。自开始运行以来，各馆间的文献传递量逐年上升，据不完全统计2009年文献传递总量近25万篇。

3.中国科学院文献传递系统（CSDL）

CSDL是中国国家科学数字图书馆（Chinese National Science Digital Library）的简称。

2002年启动的联机联合编目服务系统（union service system；union catalog database）是CSDL的重点建设项目之一，标志着中国科学院文献资源联合保障体系已经初步形成。CSDL联合服务系统以联机联合编目服务系统的数据为基础，为科研人员提供以中科院范围为主的馆际互借和原文传递服务，科研人员通过该服务系统可以方便地查询、获取全院各文献机构及国内主要文献机构收藏的中西文图书和期刊资源。

4.中国国家图书馆文献提供中心

中国国家图书馆（以下简称"国家图书馆"或"国图"）文献提供中心成立于1997年。作为国家图书馆的信息服务的主要窗口，中心以充分利用文献资源、服务改革开放、发挥国家图书馆职能为宗旨，依靠国家图书馆丰富的馆藏资源和训练有素的资深馆员，为政府、企业、个人提供文献提供服务。

目前，国家图书馆文献提供中心采取文献提供、定题检索、馆际互借、文献快递、网络传输等多种方式，为中央国家机关，重点教育、科研生产单位及社会公众提供全方位、多层次、多渠道的信息服务。国家图书馆文献提供中心2010年总的文献提供量达到7万件（册），其中文献传递量为3.5万篇。

5.上海图书馆文献提供中心

上海图书馆丰富的馆藏资源是开展文献提供服务的基础，1995年上海图书馆与上海科学技术情报研究所的合并大大丰富了馆藏科技资源，其中专利、标准、科技报告等科技文献都是文献传递的重要内容。近几年来，上图新开发的馆藏科技报告数据库、标准数据库、AIAA报告数据库等对馆藏的科技资源作了很好的整合和揭示，同时这些数据库实现了和文献提供服务的无缝链接，为文献提供工作和服务带来了便利。2003年，上海图书馆文献提供中心成立之初，年原文传递量不到5000篇；2008年，原文传递量突破2万篇；2009年，原文传递量达到22044篇；2010年，国家图书馆价格下调的影响开始辐射到上图，文献传递量略有下降，为18541篇，文献满足率近90%。

6.国内其他文献传递机构

近几年来，国内文献传递还有一些以各地高校联盟为代表的文献传递联盟。尤其是在CALIS的鼓励和带动下，我国高校图书馆联盟的建设工作取得了长足的发展，北京、上海、广东、江苏、天津、河北等省、市都形成了特色鲜明的高校图书馆联盟，其中"北京地区高校图书馆文献资源保障体系"（BALIS）是最具代表性的。BALIS是2007年建立起来的北京高校图书馆联盟体系，其开展的原文传递服务经历了3年多的探索和发展，目前已达到了一定的规模和水平，对北京高校师生的学习和科研工作提供了很大帮助。

三、国际大型文献传递服务机构

1.大英图书馆文献提供中心

大英图书馆文献提供中心（British Library Document Supply Center，BLDSC）原名国立科技借阅图书馆，成立于1962年。1973年7月1日，原国立科技借阅图书馆与国立中央图书馆一起并入大英图书馆新成立的大英图书馆借阅部。1985年底，英国科学参考图书馆改名为科学参考与咨询服务部，也并入该借阅部。其后，该部门更名为大英图书馆文献提供中心（BLDSC）。

BLDSC行政上是大英图书馆（以下简称BL）的一个部门，在经费上享受政府的拨款，文献提供的所有费用上缴政府，即收支两条线。BLDSC目前有注册用户约5万个，分布在世界各地，其中经常使用服务的用户维持在2万个左右，年接收原文复制请求近200万笔，原书外借100万次。

BLDSC在业务上有自己独立的管理权。在英国，国家支持文献提供服务工作。作为整个英国地区资源共建共享项目的中心，BLDSC承担着重要的责任，政府每年投入近8000万英镑用于文献提供，包括书、刊、标准、会议录、报告等资料的购买，工作人员的雇佣，系统购买和维护、各种设备的购置等各项开支。其中每年100万英镑用于为文献提供购买30000多种图书资料，图书资料仅限于英文语种；每年购置5.5万余种期刊、1.5万余种会议录资料、近10万篇报告。另外每年还接收1万多篇英国本地的博士论文和近3000篇美国博士论文。

2.德国Subito

Subito是德国教育科研部为了加快文献资料的提供速度而建立的一个国际性图书馆快速文献传递系统。Subito源自拉丁语，就是快速的意思。现已有来自德国、奥地利、瑞士等国家的35个图书馆纳入该服务系统，形成为科学、社会、经济各领域提供文献信息的重要基地。

Subito是基于网络进行文献传递服务的一个跨国文献传递服务系统，它集文献检索、文献请求以及各图书馆的联合服务于一体，用户可以通过Subito的检索系统检索其成员馆的期刊和图书，并向这些图书馆提交申请，从而获得他所需要的期刊中的论文，或在线借阅图书；也就是说，可进行远程的文献传递和图书借阅服务——既有非返还型文献传递，也提供返还型馆际互借，所有的用户都可以在家中或办公室直接快速地在线享受高效的图书馆资源服务，在线选择图书馆申请并获得文献。由于Subito的服务国家提供了部分资助，因此其费用比其他的文献传递机构便宜。

3.美国OCLC的ILL

联机计算机图书馆中心（Online Computer Library Center，OCLC）创立于1967年，是一个不以盈利为目的、提供图书馆计算机服务的会员制研究组织，其宗旨是为广大的用户推广对全世界各种信息的应用以及降低获取信息的成本。目前在全球有超过170个国家和地区的超过72000个图书馆都在使用OCLC的服务，来查询、采集、编目、出借和保存图书馆资料。

OCLC ILL（OCLC Inter library Loan Service）是OCLC联合编目和资源共享服务中的一个子系统，目前全球有7000多家图书馆加入了OCLC的ILL服务。该系统帮助用户申请文献提供服务并跟踪文献状态，通过访问World Cat（联机联合编目），以确定哪些图书馆或信息中心有读者所需借用的图书资料。通过7000多个图书馆组成的OCLC ILL网络为读者提供文献传递服务。2005年OCLC ILL升级为资源共享服务（resource sharing service）。

OCLC的ILL服务提供了一套较完整的文献传递服务体系。除了完成文献传递申请过程，还包括文献传递次数统计、每次文献传递申请活动的跟踪以及文献传递费用的支付管理等等。目前世界上主要的文献传递机构都参与了OCLC的文献传递服务。1998年上海图书馆加入OCLC ILL服务，是中国大陆地区第一家在OCLC上开展馆际互借和文献传递服务的图书馆，经过十多年的努力，已经在OCLC上树立了上图中文文献服务的品牌。

4.其他机构

除了上述几个国际上非常有影响力的文献传递机构外，以加拿大科学技术信息研究所为代表的国家情报所和以日本伸树社为代表的商业性文献传递公司也都是国际文献传递领域有较大影响力的机构。

四、文献传递的运作模式

1.国家集中型传递模式

文献传递在不同的国家和地区有不同的模式。模式的形成受各方面因素的制约，在一个地区或国家并没有绝对的单种模式单独存在，通常是多种模式共存并用。在英国、法国、加拿大往往偏重于采取一种集中型的传递模式，即一个国家级的图书馆或文献中心集中提供这个国家文献的基本保障，同时也向国外提供文献传递服务。大英图书馆文献提供中心（BLDSC）就是这种集中文献传递的代表。这个中心每年受理的申请约300万件（其中有约1/3的请求来自国外），在它所提供的文献中，约90%就是凭借中心自身举世无双的海量馆藏来满足用户需求的。中心集中收藏了47000余种常用的连续出版物，本国用户申请的资料大部分能在8~24小时内传递到用户手中。BLDSC就是基于几十年积累的颇具特色的海量馆藏和优质服务成为世界上最大的文献提供机构。加拿大科学技术信息研究所也是这种集中型文献传递模式的代表。这种带有公益性质的模式取得了显著效益，在西方发达国家比较盛行。

2.馆际合作型的传递模式

而在美国，则开创了另外一种模式。这种模式采取由许多图书馆共同组成并共同支撑的这样一个超大型的馆际联合机构，这个馆际联合机构可能是国家型的，也可能是区域型的。这种模式最成功的范例要属OCLC（Online Computer Library Center）。OCLC在1993推出它的网上文献传递服务，在它的书目和文献数据库里所有的记录都提供了收藏馆的信息，以方便用户通过OCLC ILL进行馆际互借。在图书馆管理系统提供的馆际互借子系统中，建立了专为用户设计的一种新的集中与分散相结合的文献传递联机信息服务系统"OCLC First Search"。它拥有统一的终端用户界面，用户只需简单的操作就可以完成联机查询的整个过程。

OCLC还提供一些数据库访问，用户可直接通过文献供应商、动态信息中心或另一个使用OCLC ILL系统的图书馆，用电子方式订购文献，一旦请求发出，OCLC就会自动将其请求轮流发送到潜在的各个出借单位，直到请求得到满意的响应为止。由于技术上的支持，目前OCLC已完成了传统的文献传递服务向互联网网络化服务的过渡，其会员范围已拓展到170多个国家和地区的几万多家图书馆，成为一家具有全球意义的图书馆联合机构。在我国，以CALIS为代表的文献传递系统也采用这种服务模式。

3.其他传递模式

上述两种模式都属国家公用体系，另外还有许多不属于国家公用文献传递服务的服务机构，比如著名的科罗拉多州研究图书馆联盟系统公司（Knight Ridder

Information）的 Uncover 系统。这个公司推出了新的动态的万维网站 Uncover Web，让用户能更简便地访问一流的文献传递和最新资料通报的服务机构。系统收录18000多种期刊的目次和80000多篇论文，同时它的 Uncover Express 系统能快速高效地在1个小时内把文献传递给用户。另外，如费克森研究服务公司（DA WSDN）紧跟市场变化，应用最先进的技术，推出 Fax on Finder 与 Fax on Express 研究服务系统，建立了代理商提供的结合文献传递的期刊目次数据库，开发了自动化的预订过程和客户报告系统。H3SCD 信息服务公司为了方便用户，开展了一种就地的文献传递服务，它与许多图书馆签订了合作协议，推出了 EBSC Ddoc 服务，使用户能够直接访问世界上许多馆藏资源，创建了一种图书馆、文献传递机构和用户三位一体的新的文献资源共享和信息获取模式。

第四节　移动阅读服务的实践应用

非书资料服务也是图书馆传统服务的一种形式，它和印刷型文献服务的方式有很大区别，它是印刷型书刊资料的进一步补充与完善。

一、非书资料简介

非书资料（Non-book Material）也称非印刷型资料，是指馆藏中除印刷型出版物之外，通过现代技术方法与手段，将知识记录和贮存在纸张以外的物质载体上的所有文献。非书资料种类很多，主要包括录音资料、图像资料、缩微资料、机读资料，以及模型、智力玩具等。非书资料是近年来迅速发展起来的一种新兴的情报载体，在许多方面弥补了普通图书、期刊等印刷品的不足，越来越受到人们的欢迎，成为现代化图书馆入藏的重要文献资源。非书资料产生于19世纪末，具有生动形象、传递迅速、体积小、重量轻、成本较低、需借助设备使用等特点。

（一）非书资料的主要形式

1.缩微资料

缩微资料指用缩微照相的方式将原始文献缩小若干倍数存储在感光材料上，并借助于专用阅读器而使用的文献。缩微资料包括现有图书、报刊等印刷文献的缩微复制品和原始出版物。缩微资料有如下特点：

（1）缩微文献的体积小、重量轻，可以节省存储空间；

（2）计算机技术与缩微技术的结合，使缩微文献规格统一，易于实现检索的机械化和自动化；

（3）缩微文献一般是原始文献的再现，因此，可以真实再现原件的原貌，记录准确；

（4）缩微文献易于复制，可制成多份拷贝片，便于分地保管，广为利用，还可以避免对原件的损坏；

（5）缩微文献必须借助专门的阅读设备才能利用，而且阅读过程费时费力，多次阅读之后，胶片容易造成划伤，影像阅读效果。

2.视听与影像资料

视听与影像资料是指以磁性材料、光学材料等记录载体，利用专门的机械装置记录与显示声音和图像的文献。视听与影像制品的特征如下：

（1）视听与影像制品以形象、音响、光电信号等特殊信息记录方式为手段，信息记录在胶片、胶卷、磁带等感光或磁性材料上，存储介质丰富；

（2）与普通图书相比，视听与影像制品体积小，重量轻，节约存储空间；

（3）视听与影像制品运用了声音、图像等不同方式传播信息，信息表达不仅清晰、准确，而且形象、直观，信息传播的真实性和完整性比普通图书要好；

（4）视听与影像制品的使用必须借助专门的设备，而且对视听与影像制品的保管需要满足一定的条件，例如温度、湿度等，以延长文献的使用期限。

3.机读资料

机读资料是通过计算机存贮和阅读的文献。机读资料是以磁化材料为载体，以数字代码与文字图像为信息符号，用编码与程序设计手段，通过计算机存储与传播知识信息的文献资料，故也称之为电子型文献资源。它的特点是：密度高、容量大；数据检索处理速度快，效率高；可高速度远距离传输文献信息。机读资料按存储载体可分为磁带、磁盘、光盘等类型，其中磁盘和光盘是主要的机读文献载体类型。

（二）非书资料的特点

非书资料的出现是现代科学技术成果直接应用于知识的存贮和记录与传播手段的结果。因此，非书资料有着与传统印刷型资料不同的特点：

1.容量大

目前普遍使用的DVD光盘容量为4.7GB，它所能存储的内容相当于5000余本100万字的书籍，而它的直径为12cm，厚度仅为1.2mm。

2.储存时间长，复制方便

光盘保存时间长，复制方便。只要拥有一部普通光盘刻录机，只需一个多小时就能复制一张DVD光盘，而且在温湿度适宜的条件下，可保存百年不影响使用。

3.原始记录事件过程

非书资料可以将现实生活或想象中的各种事物通过现代的摄影摄像或者录音技术记录下来，用专门设备播放，能够给观赏者生动形象的感受。

（三）非书资料的优点

1.直感性强

非书资料是知识文字化和声像化结合的产物，具有传播速度快、范围广、声像并茂、直感性强的特点。

2.融趣味性和知识性于一体

音像资料的内容往往是通过声音和形象等方式记录在不同的载体上，以声音和图像表达了知识和信息的内容，所以它本身具有一种魅力，即它的趣味性和知识性，比单纯依靠语言和文字的交流更能引起读者的兴趣。

读者在使用非书资料的过程中，不仅要不停地视、听，而且还要不断地动脑筋思考、分析、动口说、动手写，充分发挥了人类身体各器官的功能。

3.复制简单，携带方便

非书资料的制作可以依据读者的要求，在较短时间内编辑制作，大量生产，并能随时修订利用的途径和学习的内容，还可以自行制作，适合特殊的需要，因而它能达到读者和制作者之间及时和双向的思想交流。非书资料使用简便，储存及流通方便。

4.检索方便，传递迅速

非书资料在传递信息过程中，具有灵活性、选择性和多途径的检索入口，它为情报调研提供了新的有力工具，使科研人员、教师及时掌握本学科目前在国内外的发展动态，为选择课题、确定研究方向和备课提供了有效服务。

由于录入技术的不断发展，大大地提高了非书资料的内容密度。同时由于信息处理的高技术、高水平和传真的效果，充实了难以用文字表达的信息资源，不但使信息资源得到了更广泛的开发利用，而且发展了高层次的信息服务。

5.补充纸本图书的不足

非书资料在教学中的运用，可以弥补书本知识不足，使学生感觉到第二课堂的优越性，起到课堂教学的延伸与扩展作用，大大提高学生的语言交际能力。

二、非书资料服务与管理

（一）非书资料服务形式

非书资料服务一般主要采用馆内服务、馆外服务、自由交换服务等3种方式。

1.馆内服务

馆内视听服务的具体做法是通过设置不同类型的视听室为读者利用不同内容、

载体的视听文献提供方便。目前较为普遍的做法是设置下列视听服务室：

（1）音像文献视听室。音像文献视听室是图书馆通过配置有关的录放像设备、录放音设备，诸如录像机、放像机、电影机、电影放映机、投影机、录音机、方音机、留声机、幻灯机，以及建立技术含量更高的多媒体音像文献服务系统，为读者学习、研究、欣赏有关音像文献服务的一种方式。读者通过"音像文献视听室"，可以学习有关的科学知识，可以学习自己喜爱的语言，也可以尽情地进行音乐欣赏或观看自己喜爱的电影或录像。因此，"音像文献视听室"已成为许多读者乐于利用的服务形式。为此，有条件的图书馆可以通过建立"大、中、小"相结合，既适用于个体读者，又适用于集体读者的视听空间，为读者、用户提供更多、更好、更方便的服务。

（2）电子文献阅览室。电子文献阅览室也可称为电子读物阅览室或电子阅览室。它是图书馆通过配置多媒体电子计算机设备及建立相应的局域网系统，为读者查检利用数字化电子文献而设置的电子文献服务系统。在电子文献阅览室中，读者可以查阅利用各种类型的数字化文献。由于电子文献阅览室是技术含量较高的服务系统，因此读者既可以在此感受到内容丰富、形式多样、生动形象、感染力强的视听享受，又可以在此"广、快、精、准"地获取所需要的文献信息。

（3）缩微文献阅览室。缩微文献阅览室是图书馆通过配置不同规格、不同功能的缩微文献阅读器等设备，为读者查找利用馆藏"缩微品"的服务系统。十几年来，为了加快抢救历史珍贵文献的工作，我国图书馆在全国图书馆文献缩微中心的支持、指导下，配置了技术含量很高的缩微拍摄编辑制作系统，生产了数量极大、品质优良的"缩微型"图书。此外，不少图书馆还通过图书出版部门收藏了大量的"缩微型"文献。不少图书馆为了让广大读者查找利用馆藏的许多珍贵的历史文献，纷纷通过建立"缩微文献阅览室"来为读者提供服务。条件好的图书馆为了让读者得到相对完整且逼真的文献，还专门为读者配置了缩微阅读复印机。

2.馆外流通服务

图书馆一般情况下是不允许把非书资料带出馆外的，但随着"以人为本"、"一切为了读者"的思想的深化，在部分图书馆中，视听文献的"外借流通服务"也在悄悄地开展起来。由于这种服务方式符合读者的需求，是一项"民心"行动，因而深受读者欢迎。随着时间的推移，这种突破思维定势的服务工作在更多的图书馆开展起来。由于视听文献的载体比印刷型文献复杂、多样，因此视听文献外借服务的管理和运作显得相对复杂一些，对文献的完整程度的判断也显得困难一些。为此，凡是开展视听文献"外借流通服务"的图书馆都要认真研究相应的对策，从而把读者欢迎的好事办好。

3.自由交换服务

自由交换服务是指从馆藏中选择多余的复本，以"会员制"方式在读者中的"会员"范围内开展"自由交换服务"。

通过开展非书资料的"自由交换服务"，既可以让读者互通有无，又可以变废为宝，让那些闲置的视听文献找到新的用户，从而充分发挥其应有的作用。作为"自由交换服务"的主体，图书馆应为开展这项活动提供必要的场所和用于会员交换所必需的一定数量的基础性非书资料，同时还承担日常管理和服务工作。目前，尽管开展非书资料"自由交换服务"的图书馆还不是十分普遍，但这种服务符合民心、民意，可以相信，它将随着图书馆事业的发展而发展，具有无限的生命力。

（二）非书资料的服务管理

非书资料的服务已经成为图书馆读者服务工作的重要组成部分，建设好非书资料服务系统，是图书馆读者服务工作的重要内容。非书资料服务系统的建立涉及到服务场所设备、文献采购、设备维护、服务方式、人员配备等多方面的因素，因此，加强科学管理是必要的。

1.非书资料服务系统的建设

从图书馆非书资料服务工作的实践看，尽管每个图书馆都可以根据本馆的实际去建立具有自己特色的服务技术系统，但从每个图书馆的服务工作需要考虑，从现代技术发展的条件考虑，在保证科学性和实用性的前提下，建设一套多功能的服务系统是十分必要的，也是完全可能的。

目前，国内外有好多技术设备系统，对有条件的图书馆，应该在充分市场调研的基础上，在现有系统中，选择具有发展潜能的技术先进的自动化系统是必要的。因为，非书资料的服务工作中最基本也是最重要的就是要建立一套功能齐全、兼容性强、运作稳定、优质高效的技术系统，才能使设备运行自如，读者使用起来得心应手。

2.非书资料服务场所的选择

非书资料服务对场所是有一定要求的，有特殊性的。场地要有足够适当的面积，为以后扩建、升级做好准备；要有独立、封闭的房间，综合考虑图书馆的动静分区，不能影响阅览区的读者阅读；同时还应注意温度、防潮、防尘等因素。

3.非书资料文献的选择

在选择非书资料文献时，应注意文献与本馆设备功能的匹配，文艺类视听文献要注意娱乐性、思想性、健康性。

4.非书资料服务的规章制度

非书资料服务系统是技术性特强的服务体系，建立、健全视听服务的规章制度十分必要。非书资料服务的规章制度不但包括一般的使用规则、条例等管理制度，而且更重要的是对技术操作规程和安全保障等做出明确的规定。对于涉及国家安全和网络安全管理的基本要求，也必须通过规章条例予以明示。

第五章　现代图书馆服务的创新探索

　　个性化服务是20世纪90年代出现的一个全新的服务理念，它很快成为信息服务领域研究的一个热门话题。个性化服务早已成为数字化环境下信息服务机构的重要发展方向，甚至成为信息服务机构可持续发展的关键因素，当前，个性化服务延伸到了很多领域，如新闻网站、信息检索系统、资源推送系统等，图书馆作为服务社会的文献信息中心、学习中心，针对用户需求开展个性化服务就显得尤为重要和迫切，个性化服务作为数字环境下图书馆特色服务的进一步深化，摆脱了传统思想的束缚，为图书馆的生存与发展带来了新的思路与希望。在数字图书馆领域中，也需要研究用户的行为和习惯，对不同的用户采取不同的服务策略，从而使其信息需求得到最大限度的满足，已经成为深化和拓展图书馆服务的迫切要求和图书馆界需要解决的重要课题。本章内容包括图书馆个性化服务界定、图书馆个性化服务的方式、图书馆个性化服务的实现对策、图书馆个性化服务新方向：情景感知。

第一节　个性化服务的创新

　　在数字图书馆领域中，也需要研究用户的行为和习惯，对不同的用户采取不同的服务策略、从而使其信息需求得到最大限度的满足，已经成为深化和拓展图书馆服务的迫切要求和图书馆界需要解决的重要课题。

一、图书馆个性化服务界定

　　个性化服务的实质是一种以用户需求为中心的服务。在图书馆领域，个性化服务又被称作个性化信息服务或个性化定制服务。它不仅可以有效地解决用户"信息过载"和"信息迷航"问题，而且还可以极大地提高图书馆的服务质量和资源的利用率。信息的个性化服务是相对以往整体式服务而言产生的一种新型服务方式，它的出现虽然只有短短几年的时间，但已经成为当代图书馆新型服务模式的主流。目前，个性化信息服务还没有统一的定义，人们对个性化含义的理解及当前个性化服务技术机制认识的不同使不同学者对个性化信息服务给出了不同的描述。

个性化信息服务是指能够满足用户个体信息需求的服务，即根据用户提出的明确要求所提供的信息服务，或通过对用户个性、使用习惯的分析而主动向用户提供其可能需要的信息服务。

个性化信息服务是基于信息用户的信息使用行为、习惯、偏好和特点来向用户提供满足其各种个性化需求的一种服务。

个性化服务强调围绕用户需求开展各项服务工作，具体而言，图书馆个性化服务是指图书馆提供的、以用户灵活多变的个性化需求为轴心的，面向知识内容、融入用户决策过程并帮助用户找到或形成问题解决方案的增值服务。准确地说这种个性化服务是一种知识服务，它不同于图书馆传统的信息服务，图书馆传统的信息服务只停留在对信息的积累、简单加工和信息传递之上，是一种低层次的服务方式；而个性化服务重在知识开发和利用，突出需求服务的理念，充分重视服务过程中的智力参与，增加服务中的知识因素，实现服务增值，使服务成为发现和培育新想法、新思维的过程，这是一种高层次的服务。

作为互联网络的使用者，每个人可以按照自己的目的和需求，设定线上信息的来源方式、表现形式、特定功能及其他的线上服务方式等，以达到最为方便快捷地获取自己所需的线上信息服务内容的目的。

从上述的观点可以看出，个性化服务是图书馆提供的能满足个人信息需求的一种服务，是一种基于图书馆用户的信息使用行为、习惯、偏好、特点及用户特定的需求来向用户提供满足其个性化需求的信息内容和系统功能的一种服务模式。

关于个性化服务的内涵，一般认为可以从以下几个方面较为全面地把握。一是服务时空的个性化。突破传统的时间和空间的限制，享受服务的时间地点由用户自己决定。二是服务对象的个性化。它既可以针对单独的个体，也可以是具有相同特征的特定群体，因为同一层次、类型、地位、生活背景下的个体有着相似的信息需求。三是服务内容的个性化。它随着用户信息需求的发展而发展，所提供的服务不再是千篇一律，而是各取所需，各得其所。它既可以满足用户的专业需求，也可以满足用户的临时性需求。四是服务方式的个性化。它立足于用户的信息使用行为、习惯、偏好、特点和特定的信息需求，可以根据用户的个人爱好或特点来开展服务。五是服务目标的个性化。它包括为用户提供信息内存和系统服务两个方面。六是服务支撑技术的个性化。它是动态的、不断发展的。它既可以包括目前支持图书馆线上个性化信息服务所需的 Web 数据库技术、网页动态生成技术、数据报送技术、过程跟踪技术、数据加密技术等支撑技术，又包括智能代理技术等其他支撑个性化信息服务技术的研究及其应用。

数字图书馆的个性化服务的基础是运用先进的信息技术，定制特殊的用户界面，以获取用户个人信息，了解和推测用户的需求，在此基础上为用户提供更为到位的信息服务，提高用户满意度。

二、信息个性化服务的兴起

现代信息网络应用时间最早和区域最广泛之一的图书馆，各类型信息用户的信息获取、组织、分析和利用活动都正在走向数字化状态。已有证据表明，许多信息用户在使用电子期刊后减少了访问图书馆的频率。同时，使用网络信息资源的经历正在培养和形成信息用户新的信息行为习惯。网络信息行为经历以及新的学习研究模式更使用户对信息服务的期望空前提高。这种期望的改变突出表现在信息用户的信息需求个性化和对信息服务的个性化需求方面。

（一）网络环境的发展催生了信息的个性化服务

网络上个性化信息服务最早始于商业网站。网络技术的发展催生了电子商务。商业利益的驱动要求网站迎合用户的兴趣和发掘用户的需求，为其提供个性化的信息。技术的发展又促成了网站将 Agent 技术、Web 数据挖掘技术等应用于针对单个客户的个性化推荐系统中。

信息服务的最终目的是为用户提供其所需的各种信息资源及服务。用户信息需求不仅决定了信息服务机构的服务内容，而且决定了其服务机制和模式。一方面，网络环境下，用户信息需求日益个性化，传统信息服务机构面向所有用户提供无差别的信息服务越来越难以满足用户的信息需求；另一方面，现代信息技术的飞速发展又为满足这些个性化信息需求提供了可能。为了在竞争中争得有利的地位，一些信息服务机构率先在网上推出有针对性的个性化信息服务。

网络个性化信息服务一出现就受用户欢迎，如今，Internet 的个性化服务思想逐渐渗透到网络生活的各个领域，如基于用户的个性化电子商务、基于 MyLibrary 的图书馆个性化信息服务等，个性化信息服务向我们预示着未来信息服务的前景。

（二）个性化信息服务是 Internet 数字化资源发展的必然趋势

国际互联网的发展和普及给人们带来了空前丰富的信息资源，越来越多的用户利用搜索引擎来搜索网上信息。但是，网上海量的信息也导致了搜索引擎查询效率的大幅度降低。

网络环境下，越来越多的人今后面临的将不再是任凭选择的良机，而是过多选择的困境。中国互联网络信息中心（CNNIC）于2023年发布的《中国互联网发展报告2023》《世界互联网发展报告2023》蓝皮书发布。数据显示，截至2023年6月底，中国网民规模达10.79亿人，互联网普及率达76.4%，农村地区互联网普及率为60.5%。而在十年前，中国网民规模为5.64亿人，互联网普及率为42.1%，十年来，网民规模增长近一倍。

可见，大部分用户上网还是希望能从网上获得自己需要的信息，而且通常是利用搜索引擎来查找。搜索引擎一度也成为在茫茫信息海洋中查找信息的有效工具。但日益先进的搜索引擎到今天却出现了前所未有的尴尬：以前一个查询可以查到几十个符合要求的结果，现在则往往会返回几千条甚至上万条结果，这其中大多是无用的或无关的，有用的仅是一鳞半爪，寥若晨星。什么原因？主要是信息的过量与超载。每时每刻都将有成千上万的新网页不停地添加到网上，预计今后网页的数目还将增长10倍；而即便是最好的搜索软件也只为其中不超过40%的网页编了索引，可能有大量迄今为止尚未有人真正访问过的网页。还有，比起印刷型文献的出版，网上信息的受控性差，随意性大，信息庞杂，且整理不够等缺点都是显而易见的。网上信息大多是未经审查的自行发布形式，且同种主题的Web网站数量不断增加，同时，网上信息垃圾比比皆是。

在这样的信息环境下，尽管搜索引擎的发展已趋于成熟，但用户在使用中却发现获取具有个性特色的信息更为不易。分析其原因有：首先，网上过量的信息导致搜索引擎查问效率降低。因为海量的信息群中满足某个特定查询条件的信息也越来越多。以前一次搜索可以搜索出几十个符合条件的结果，现在则往往返回上千条结果，使用户迷失于信息的海洋中。其次，网络用户缺乏使用搜索引擎的经验而降低了搜索查询的成功率。

应该提供怎样的信息服务才能满足用户的信息需求，才能让每一个用户满意呢？个性化定制服务无疑是一条很好的出路。

国际互联网丰富多彩的数字化资源，为个性化定制服务提供了条件。目前比较盛行的个性化定制服务，主要是网站为用户开设的创立和管理个人信息功能和兴趣小组。

同时我们也可以发现，就目前互联网的技术而言，这些个性化网站服务尚有一定的局限性：它们为用户提供的通常是一般性的消息，如新闻、股市报价、天气预报等，服务方式比较单一，不能像图书馆那样为用户提供学术性的研究资料，不能满足用户全方位的需求，尤其不能满足科研人员寻找专业知识的需求。在这样的情形下，数字图书馆个性化服务的推出，受到用户的关注。

三、个性化服务是数字图书馆服务的方向

科技的发展日新月异，社会的不断进步，新信息时代的到来和信息革命对人类社会的冲击，是展现个性、倡导创造力的一个崭新契机。使人们有可能在高水平的生产力基础上，重新恢复符合人性的、为个性发展提供广阔发展空间的个性化服务。这正是现代社会与近代社会相区别的重要标志之一。

（一）网络环境下个性化信息服务的特点

个性化信息可以从两个方面来分析：一是指反映人类个性特征的一切信息，包括对特定个体各种属性的描述；二是指由于个体特性形成的对信息需求的决定关系而产生的一系列对个体有用的信息。个性化服务的特征包括：服务时间空间的个性化，在用户希望的时间和地点得到服务；服务方式的个性化。能根据用户个人爱好或特点来开展服务；服务内容的个性化，所提供的服务不再是千篇一律，而是各取所需，各得其所。

个性化信息服务的特征有：

1.信息资源多样化

由于信息的个体差别而导致信息资源呈现多样性、载体类型多，有物理载体、虚拟载体等；从形式上看，有文本、图像、声音等；从结构上更是异彩纷呈，这些都导致了信息资源整合的困难。另一方面，对于不同的信息用户也有了多样的选择。

2.信息需求多样化

由于个体差别的存在，每个人、每个组织、每个机构对于信息的需求都不尽相同，对信息载体的需求也不同。因而，对于信息的需求具有多样化的特征。

3.信息交流渠道多样化

在网络环境下，个性化信息服务得到了长足的发展，由于网络的便利条件，通过网络可以获得多种信息交流渠道，如电子邮件、Web浏览、主题订阅、在线即时交流等各种类型的方式，信息用户可以根据自身的条件选择合适的方式来进行信息交流活动。

个性化需求是一种客观存在，在过去的时代里，出于经济、技术等社会条件的限制，满足社会共同需求尚觉困难，个性化需求很难成为社会考虑的对象。规模化是工业社会的显著特征，随着社会的发展，特别是技术的发展，为满足个性化需求创造了条件。在当代信息化社会中，无论是社会生活还是人们的消费需求，乃至价值观念，都体现了从单一到多元、从整合到分化的发展趋势。

信息服务，是提供高质量信息的过程。个性化信息服务为用户提供符合个人

需要的服务，是以用户为中心思想的体现。从实际情况看，针对特定领域、特定用户和特定需求，专业性门户网站和专业搜索引擎已经成为网络信息服务的一种趋势。因此，数字图书馆在系统设计时必须进行调查分析，考虑服务的用户类型、特征，分析用户的真正需求，采用有针对性、灵活性、智能性等特点的信息服务，节省用户获取信息的时间，增强服务的主动性。这是数字图书馆应对网络环境而必须实现的一种高效的信息服务形式。

（二）个性化服务对数字图书馆发展的现实紧迫性和重要性

数字图书馆应遵循怎样的服务模式，图书馆界对此进行了深入的探讨，尽管所描述的服务方式有些差异，但其中都体现出"以用户为中心"来构筑数字图书馆服务的思想，不管使用的设备和信息系统多么复杂，其目的都是相同的——助人。

数字图书馆不仅是现代技术在图书馆界的运用，更主要的是要以现代技术为手段，以人为中心，促进入的全面发展，这才是数字图书馆的根本目的，因此，数字图书馆应该首先意味着一种结合了新技术的更优越的、更人性化的服务。随着信息服务业从"以信息机构为主导"向"以用户为主导"的服务模式转化，个性化信息服务必将成为数字图书馆的主导服务方式。

个性化信息服务对数字图书馆的建设和发展具有现实的紧迫性和重要性，主要表现在以下方面。

1.个性化服务是数字图书馆在信息化背景下的必然选择

20世纪90年代，随着计算机技术、远程通信技术、网络技术、高密度存储和多媒体技术的高速发展和有机结合，人类社会开始步入"信息化社会"。特别是Internet的出现并在全球范围内的迅速普及，引发了世界范围内信息环境的革命。通过网络获取信息正在逐步取代通过传统图书情报机构获取印刷型信息资源的主体地位，逐渐成为人们信息获取途径的首选。

在相当长的历史时期内，图书馆是作为人类最重要的文献信息收藏和服务机构而存在的，用户的信息需求只能或者主要通过图书馆来获得。因此，图书馆存在价值不会受到任何影响，而在信息化的今天，网络应用得到了极大地普及图书馆的行业地位受到极大的威胁和冲击，大量的数据库开发商、网络运营商及其他行业的有关商家，通过互联网就可以把自己的信息产品提供给用户。人们足不出户就能查阅资料，大大削弱了图书馆的作用。而且网络环境打破了传统图书馆受地域、馆舍、时间、载体等因素的限制。人们将更愿意访问那些信息量大、服务方便、能满足其个性化要求和富有特色的图书馆，没有特色的图书馆将被日渐冷落，难以生存。因此，个性化服务成为图书馆发展的必然趋势，也是数字图书馆的必然选择。

2.个性化服务是数字图书馆在网络环境下适应用户个性信息需求发展的客观要求

"读者至上""以用户为中心"是当代图书馆人对图书馆服务达成的最深刻的共识。为适应数字图书馆环境下用户的信息需求日益个性化的形势，图书馆界正为提供全面、快捷、方便、舒适的信息服务作出不懈的努力，实现全方位开架借阅，组建多媒体阅览室，开发网上图书馆门户等。但传统的图书馆服务为所有的用户提供同一模式的服务，不能针对特定对象提供特定的服务。面对网络化背景下用户个体信息需求的这种多元化、多样化、多层次的特点，数字化图书馆不能仅仅是只组织一批信息资源，守株待兔地等读者前来选择。

网络时代，用户和读者的需求不是以图书馆现成的资源为依赖，而是以各异的姿态要求图书馆的个性化服务。需求是永恒的动力，满足需求是服务的生命。在市场经济条件下，谁拥有更多的读者，谁就会在竞争中取胜，谁失去读者，谁就会在竞争中处于失败的地位。转型时期，图书馆工作研究的重心已向读者方面转移，要静下心来研究信息市场的变化规律，研究读者的信息消费特点和变化动态，深入开展读者调查，树立以读者为中心的信息市场营销观，要以读者个性化需求来确定图书馆的资源配置，对信息资源、物质技术资源与人力资源作以适当的调整与补充。所以要根据读者的需求去寻找各种信息资源，针对具体不同的服务对象开展个别化、特色化的服务。总之，数字图书馆要顺应用户的多样化信息需求，就应该为个体用户提供网上学习和生活空间及个性化服务，为特定群体用户构筑专业化、课题化服务平台。

3.个性化服务是数字图书馆应对网络信息供求矛盾有效途径

网络信息的供求矛盾使用户的个性化信息需求更加强烈。网上的信息资源虽然极为丰富，但粗浅、重复的信息泛滥，信息噪声和信息垃圾充斥，与个人信息需求相关的信息被分散在各地，这使得用户日益置身于信息海洋之中。一方面，在用户所查询的信息中经常存在大量的冗余信息，即所谓"信息过载"；另一方面，用户不知道如何贴切地表达自己对网上信息资源的真正需求，也不知道如何准确有效地搜寻，即所谓的"信息迷向"。用户获取信息容易，但获得所需要的准确信息难，获得有价值的个性化信息更难。因此，用户的个性化需求日益迫切，用户期望获取针对个人特定需求的信息服务。

在现有的条件下，网络信息环境尚不完善，虽然网上信息资源越来越丰富，但是人们查找信息却困难重重。一方面，网络信息资源过度膨胀；另一方面，网上信息资源缺乏组织或不够理想。通过导航式分类主题目录组织信息资源太过简单，不仅层次多、烦琐，而且质量难以保证。网络搜索引擎固然可以得到大量的结果，但其精确度差，充斥着垃圾信息。个性化信息服务变换了组织网上信息资源的角度，尝试从特定用户与群体的需求出发来组织信息资源，可以有效地实现同类信息及有关联信息资源之间的整合，剔除"冗余信息"，最终达到改善网络信息环境的目的。

4.个性化信息服务是数字图书馆生存和发展的基本要求

在网络环境下，一方面图书馆同行之间竞争日趋激烈；另一方面，图书馆不再是提供文献信息服务的唯一机构，一些联机检索机构、出版社、商业性公司、图书馆合作组织等都承担了向网上用户提供电子信息服务的任务，这对转型时期图书馆的信息服务发起了严峻的挑战。这两点都导致了读者注意力的分散。"在新经济下，注意力本身就是财产。"英特尔前总裁葛鲁夫早在1996年就提出："整个世界都将会开展争夺眼球的战役，谁能吸引更多的注意力，谁就能成为下世纪的主宰。"面对挑战，现代图书馆必须不断开拓服务领域，开创独具本馆特色的服务项目，创立属于本馆的服务品牌，以吸引读者的注意力。相反，图书馆倘若无视读者需求的变化，不变更读者服务、创新服务方式，提高服务质量，深化服务内涵，那么，图书馆拥有的读者群将会越来越小，不要说发展，恐怕生存都会成为问题。

在这样的背景下，数字图书馆为我们创建了一个以更直接、交互、实时的方式响应用户需求的环境和服务的基础。在这个基础之上，开展个性化信息服务可以改善数字图书馆服务质量和资源使用效益，为图书馆的生存奠定基础。个性化服务可以为数字图书馆用户提供简化的、直接的用户界面及专深的信息内容，极大地改善了用户的信息检索环境。同时，个性化服务也成为数字图书馆了解用户信息需求和资源使用情况的窗口。它通过智能代理，可以自动跟踪用户在利用数字图书馆时的某些规律，及时地捕捉用户信息需求的变化，从而改进数字图书馆的服务。基于Web日志的挖掘可以及时掌握资源的使用状况，从而更为合理地调整数字化资源收藏、采集、组织，提高信息资源的使用效益。

5.个性化服务为数字图书馆的信息服务提供了一个新的服务空间

网络环境下用户的信息需求日益个性化。网络的自由、开放、平等，为人的个性发展提供了广阔的空间。在网络这个虚拟空间，人们可以不受年龄、经济状况、学识水平、家庭等因素的约束，畅所欲言，自由地表达自己的思想，按照自己的意愿自由地选择和取舍，甚至构筑自己的私人空间。网络的发展给用户带来了难以想象的信息能力，为用户获取更多的、更有效的信息资源提供了实现的条件。网络跨越时空的特性使沟通的成本大大降低、互动的沟通方式和及时的反馈机制使信息供求双方可以实现面对面的交流，使信息服务机构满足用户的个性化的需求成为可能。

服务，是图书馆的基本宗旨，是贯穿图书馆发展的主线。是图书馆的核心价值观；图书馆现代化发展的最终目的就是提供更好的服务，个性化服务是图书馆服务的发展趋势。个性化服务指针对不同顾客的特殊要求而提供的特色服务，它是在规范化服务的基础上提供并存在的，是进一步提高图书馆服务质量的显著标志，能为未来的数字图书馆赢得更高声誉。

在数字图书馆的条件下开展个性化服务，以便用户无缝地、关联地针对个人存取信息，从而使图书馆在新的网络信息环境下与新的信息提供者进行有力地竞争，更好地生存和发展。

第二节　参考咨询服务的创新

一、个人图书馆（个人书架）方式

个人图书馆是一个完全个性化的私人信息空间。个人图书馆包括用户个人文献、资源链接、服务功能等几个部分。个人文献用来组织数字化的私人藏书，形成"我的图书""我的论文""我的读书笔记""我的电子邮箱"等有组织的资源类型。资源链接用来汇集用户常去的资源站点，包括"我的数据库""我的搜索引擎""我的大学""我的网上书店"等各类资源网站。服务功能用来定制数字图书馆网站上的各类用户所需要的服务，包括"我的图书馆""我的帮助"等。

建立个人图书馆，数字图书馆首先要为读者建立个性化的信息资源库，即私人数据库，在为用户提供个性化服务的过程中，要让用户感觉到是在"自己"的图书馆中查找资料。目前，上海图书馆推出的"我的图书馆"就是基于这种服务理念的，它允许数字图书馆的读者将数字图书馆馆藏中符合自己需要的数字信息，下载到自己的电脑硬盘中，使其成为自己的信息资源库，以此建立私人数据库。其次，数字图书馆根据用户需求及资源本身的特点，对可提供的资源及服务进行分类组织，形成多个资源与服务模块。用户可根据自己的需要从中选择内容或添加相关内容。用户定制的数据一般存放在服务器端的数据库里，在用户登录时系统确认用户身份后，会直接调用相关定制信息，并利用定制信息匹配系统数据，动态生成个性化的页面。用户通过对系统界面、资源集合、检索工具与技术、系统服务等的定制来创建个性化界面以及对图书馆及网络资源与服务的链接。系统则通过提供个人文献编辑工具来创建、组织、加工和维护用户的个人文献（如个性化图书、个性化论文、读书笔记等），构筑信息时代的"私人藏书楼"。

二、个性化检索方式

个性化检索是数字图书馆用户检索数字图书馆资源的入口，它通过个性化检索工具来实现。个性化检索工具是实现个性化检索环境的工具，它为用户信息检索的全过程提供支持和智能帮助，包括用户需求的提取、信息匹配、检索结果输出等。在数字图书馆个性化服务系统中建立用户的个人档案时，可依据用户档案将用户进行分类；在用户检索时，对于相同的检索条件输入，给用户提供其感兴趣的内容，并将其他内容剔除，反馈更加符合实际需求的结果。例如，对相同的检索条件，系统反馈给某领域专家的内容应该和反馈给此领域初学者的内容不同。

一般来说，个性化检索系统应具备智能学习与扩展的功能。智能学习与扩展的功能（即预测能力）是指通过对用户使用以来系统所接收到的信息进行分析及预测，探索未知领域，或者发现用户潜在的兴趣，再将信息主动提供给用户。这样既节省了用户的时间，同时为用户提供更准确、更有针对性的信息。

三、个性化信息咨询方式

现代计算机与网络技术的发展与应用大大地扩展了人们的信息交流与信息反馈渠道。如此一来，数字图书馆的个性化服务系统可以利用先进的技术与服务理念为用户提供在线的咨询和帮助服务，随时随地满足用户的个人需求，提供更便捷、更优越的信息咨询服务。

数字图书馆个性化服务系统可以为用户提供多种咨询服务方式，包括用户自助咨询（如FAQ常见问题解答、BBS咨询）和专家咨询（馆员咨询）两个方面。用户按照自己的意愿和特定的要求可进行定制，形成"我的咨询馆员""我的咨询专家""我的BBS""我的FAQ"等多种渠道，用户还可对咨询结果的提供方式提出自己的要求。

数字图书馆使线上定题咨询服务（SDI）更加便捷。定题咨询服务指针对用户的科研及教学等信息需求，根据用户事先选定的专题，通过跟踪最新的信息资源，为用户定期或不定期提供信息的服务方式。

传统图书馆时期，定题咨询服务的工作难度比较大，其主要原因是信息流通渠道不畅，与用户有时间和空间的距离。在数字图书馆环境下，对有难度或规模大的咨询项目，图书馆可利用网络开展协作咨询，组织来自不同机构或部门的专家形成一个项目小组，利用集体的智慧进行服务。同时，利用推送技术，图书馆可以通过网络主动及时地将最新信息递交给用户。

四、信息代理和推送服务方式

信息代理和推送是现代图书馆为用户提供智能化服务的一个窗口，包含代理和报送两个过程。

信息代理实质上是一个能够自动搜索用户所需信息的代理软件，是智能代理技术在数字图书馆中的运用。信息代理系统在数字图书馆中充当用户的代理，它跟踪分析用户信息需求，自动搜索相关信息并提交搜索结果，为用户访问线上信息资源提供导引。一方面节省了时间，解决了用户对信息检索不熟练的问题；另一方面，提高了查全率和查准率。当用户的检索要求暂时无法满足时，交由代理来处理，条件满足时再反馈给用户。

数字图书馆信息代理服务主要面向本馆合法用户。由于个人隐私问题，并不是所有的用户都愿意递交个人资料，并使自己的网上活动一目了然地处于自动跟踪软件的监控之下。因此，应由用户自由选择是否开通。用户填写需求表，通过网络递交来开通信息代理服务。用户需求表可以涵盖用户兴趣爱好、文化程度、专业领域、个人要求等多方面的内容。

信息推送是互联网发展的一种新的主动服务方式，指按照用户提供的检索条件，将资源库中的最新信息及时通知用户的一种服务。因为各类网站（尤其是学术资源类网站）内容并不都是日日更新，读者不愿意每日浏览相关网站。图书馆以网站内容变化为提示内容，当读者关心的网站在内容方面发生变化时，图书馆便会主动地把相关的最新消息推送给读者。近几年，已开发出一些最新信息的跟踪工具，它们可以推送 Web 上的各种信息，包括网页信息的变化、搜索引擎新的检索结果以及最新新闻内容等。例如：CALLS 中心引进的 Uncover Reveal 最新信息跟踪和文献传递服务，用户个人可提供 25 个关键词和 50 种以内的期刊名，以及自己的电子邮箱，系统每周将更新的匹配文献信息发送至每个服务对象的电子信箱中。中国人民大学信息学院和图书馆开发的"数字图书馆个性化推荐系统"，既能按照用户的定制要求提供资源，又能跟踪和学习用户行为，自动采集用户兴趣，并动态跟踪用户兴趣的变化，从中分析出用户的新喜好，进行新的推荐。

数字图书馆应利用信息代理和信息推送将各种个性化信息服务有机结合起来。一方面，用户的个人定制数据、线上信息检索行为、线上咨询的课题及问题等都可成为用户特定信息需求的获取渠道；另一方面，信息代理为用户自动搜索到的信息资源可自动发送到用户的电子邮箱，成为个人图书馆中相关文件夹下的内容。

五、个性化垂直门户特别服务方式

门户（Portal）是互联网建设中被赋予新意的一个概念，原意是指正门、入口，现多用于互联网的门户网站和企业应用系统的门户系统。

广义的门户是指一个应用框架。它将各种应用系统、数据资源和互联网资源集成到一个信息管理平台之上，并以统一的用户界面提供给用户，使企业可以快速地建立企业对客户、企业对内部员工和企业对企业的信息通道，使企业能够释放存储在企业内部和外部的各种信息。

狭义的门户指门户网站。门户网站是指通向某类综合性互联网信息资源并提供有关信息服务的应用系统。门户网站最初提供的是搜索引擎和网络接入服务，后来由于市场竞争日益激烈，门户网站不得不快速地拓展各种新的业务类型，希望通过门类众多的业务来吸引和留住互联网用户，以至于目前门户网站的业务包罗万象，已成为网络世界的"百货商场"或"网络超市"。从现在的情况来看，门户网站主要提供新闻、搜索引擎、网络接入、聊天室、电子公告牌、免费邮箱、影音资讯、电子商务、网络社区、网络游戏、免费网页空间等。在我国，典型的门户网站有新浪网、网易网和搜狐网等。

门户有两种基本类型：水平门户（Horizontal Portals）和垂直门户（Vertical Portals），也称作综合（传统）门户和专业（行业）门户。

水平门户（Horizontal Portals）是集中了种类繁多的产品的门户。如雅虎网就是水平门户，雅虎链接的内容广泛而全面，覆盖各行各业。

垂直门户是相对雅虎网这样的传统门户网站而言。"垂直门户"更专注于某一领域（或地域），如IT、娱乐、体育，力求成为关心某一领域（或地域）内容的用户上网的第一站。垂直门户经营专门产品，如钢材、化工、能源等，如Metal Site是专门买卖金属的垂直门户，而Che Match是专门经营石油化工和塑料制品的垂直门户。

垂直网站的特色就是专一。他们并不追求大而全，只做自己熟悉领域的事，是各自所从事行业的权威专家。他们吸引顾客的手段就是做得更专业、更权威、更精彩。他们也用广告宣传自己，他们太了解这个行业了，只需吹灰之力，就可以让顾客们知道：网站又开新栏目了，又推新产品了……

垂直网站的顾客也不是普通的顾客。他们基本上都是该行业的消费者。每一名顾客的购买力，都要比综合网站顾客的平均水平高出许多倍。所以，垂直网站常常能以比综合网站少得多的访问量换来更多的广告。

数字图书馆个性化信息服务除了面向个体提供服务外，还可以面向特定群体提供服务。但数字图书馆既没有必要也没有精力去建立像雅虎、搜狐、新浪之类的水平信息门户，因此，建立和提供垂直信息门户应该是一个理想选择。美英等国开发的My Library系统，都很注意与学生的专业及学校的学科建设相结合，构筑课题化的垂直门户。

数字图书馆可根据本馆的任务及服务重心来建立面向特定群体的垂直门户，通常可以从下列几个方面来构建：一是面向专业领域，构筑课题化平台或建成各专业数字图书馆，如哲学图书馆、艺术图书馆、建筑图书馆等。二是面向用户的年龄、性别、学识，如建立老年图书馆、专家图书馆、女性图书馆等。三是面向特色化馆藏及特定的信息载体，如图片图书馆、古籍图书馆、影视图书馆等。个性化垂直门户的建立可根据具体情况来构建一个或多个。

数字图书馆的个性化垂直门户建设，务必要做到一站式服务，以满足用户在本领域全面的信息需求。因此，在资源建设上要尽可能全面搜集本领域的相关信息资源。通过有效的组织形成有序化的信息空间，要通过适当的加工提供增值信息服务，同时要集成必要的服务工具，如专业化搜索引擎等，提供优越的信息检索界面与功能。

第三节　移动阅读服务的创新

个性化信息服务虽然是现代图书馆的发展方向，可以极大程度地满足用户需求，提高数字图书馆的服务效益，但它同时也是一项极其复杂而麻烦的工作。目前，个性化信息服务在图书馆领域还处于探索和发展阶段，要成功地开展个性化信息服务工作，图书馆必须从多方面做出努力。

一、改善图书馆个性化服务的信息环境

数字图书馆有着多种用户类型，不仅有学术型用户，还有基础型、娱乐型等用户，用户的个性化信息需求也更复杂。用户期望的不仅仅是检索、过滤、参阅图书馆的资料，他们更愿意把数字图书馆作为自己的个人信息空间。数字图书馆要为用户提供全面的个性化信息服务，就必须为用户的各种特定的需求构建个性化的信息环境。通常，图书馆的个性化信息环境由以下四个部分组成。

（一）个性化资源环境

用户因为自己的学习和研究的需要，往往希望构筑自己的个性化的资料环境，来汇集自己学习和生活中可能需要的各种资料。一方面，用户在数字图书馆发现有用的图书或期刊论文，要求将其下载成定制为自己的资源，分类保存在特定的文件夹。另一方面，用户要对所获取的资料根据自己的需求进行加工、组织与整理，以方便直接利用，如进行节选、归并、删除、下划线、评注和写读书笔记等主动性学习活动。数字图书馆有必要为用户的这些活动提供平台。

（二）个性化检索环境

信息检索是最普遍的图书馆用户行为，因此信息检索工具的检索质量和效率也是用户极为关注的问题。个性化的检索环境不仅仅是按用户的习惯来定制检索工具，更主要的是为用户提供优越的检索帮助。如何提取用户需求，用最合适的主题词来构筑准确的查询检索策略，是信息检索成功的关键所在。

用户在遇到特定的信息需求时，一般都是通过搜索图书馆资料的检索工具把用户需求具体化成特定的查询。通常，这个查询会是带有布尔逻辑词汇及带有语义符号的短语集合，这些查询没有考虑任何的用户当前信息需求就被送交图书馆搜索引擎，往往因检索结果不尽如人意而要求重构检索式。同时检索结果的界面缺乏组织，不仅造成确认图书馆资料困难，而且浪费了宝贵的时间。在个性化检索环境中，它可以利用描述图书馆资料使用的个人文献、用户兴趣文件、用户日志文件中发现的信息来执行检索。它分两步进行：首先，当用户构造一个查询时，通过交互、内在地修改检索式来使查询更能确切地满足用户当前的信息需求；其次，通过用户的特定要求与意愿的分类来形成最后的查询结果，如按相关度排列等。

（三）个性化过滤环境

信息过滤是根据用户的信息需求对动态信息流进行过滤。把满足用户需求的信息传送给用户，消除不相关的信息，从而为用户提供准确的信息服务。尽管信息检索与信息过滤存在许多相似性，但两者的显著区别在于信息过滤必须记住并根据用户个人的要求和兴趣进行个性化的输出。信息过滤通常分为三步：第一，获取用户兴趣与要求；第二，识别合适的信息源；第三，在适当的时候以友好的方式把结果递交给用户。个人文献及用户文档是信息过滤的基础，不管用户信息文档怎样更新，系统总能根据这些文档执行过滤，用户信息文档中的关键词、短语及相关信息是用来获取用户兴趣和要求的途径。

信息过滤可以通过计算相关度来进行，通过计算用户信息文件中关键词和短语的数量，并给出表示这些关键词或短语的重要程度的权值，可以设定一个网值。当我们对某一图书资料中出现的所有包括在用户信息文件中的关键词及短语进行总权值计算时，若是超出了给定的网值，该资料就会命中输出并被自动加入到用户个人文献中。

（四）个性化服务环境

数字图书馆既是一个信息查询环境，又是一个信息服务环境，除为用户构筑个性化资料、个性化检索与过滤外，它还应该提供人们工作和生活中必需的各种信息服务（如天气预报、交通信息、新闻报道、网上购物、股市行情、电子商务等）。

人性化的服务界面。如按用户意愿提供页面颜色、版面设计，显示出有用户实名的欢迎标语等。

集成化的网上生活。满足用户方便性的需要，将用户常用的搜索引擎、电子邮箱、聊天室、商务网站等集成在统一的界面，提供一站式服务（one stop shopping）。

一对一的信息咨询。用户可以按照自己的意愿，自由选择咨询馆员或学术专家进行实时的信息咨询与交流。

用户培训。为了帮助用户在利用数字图书馆的资源和服务时克服技术障碍，通过网上自助式学习和在线对用户提供技术支持与培训等。

上述四个部分相互依赖、相互作用，共同构建一个完整的个性化信息环境。因此，数字图书馆个性化信息环境实际上是由能实现上述环境的多个工具所组成的集成框架，这些工具能使用户通过可高度定制的文件访问和创建自己信息空间的个性化视图。

二、加强数字图书馆个性化服务的基础工作

个性化信息服务在数字图书馆的实施还面临着诸多障碍和问题，这影响着个性化信息服务功能的发挥。因此在实施数字图书馆个性化服务时必须完善相关的基础工作。

（一）获取用户信息，建立用户信息库，加强用户信息需求行为的研究

要开展针对性很强的个性化信息服务，一个非常基础的工作就是获取用户个人信息。获得用户的信息消费模式、需求爱好、使用习惯等非常细节化、具体化的个人信息，在此基础上建立用户信息库，从而能准确地把握信息用户的个性和需求，及时调整服务的角度和内容。

首先要建立用户的信息库。用户个人信息可从以下四个方面来获取：

（1）用户在本馆网站上进行检索查阅的跟踪记录。通过这些记录，可以了解到用户所需的检索内容及兴趣，有针对性地为用户提供咨询服务，帮助用户扩大检索面，提高查准率。同时，通过跟踪服务，可了解用户在一段时间内的检索内容，找出其相似性，从而及时更新数据库内容，满足用户检索需求。

（2）外部数据库提供的个人信息。主要包括有关个人信用等数据库提供的信息及联合图书馆中其他数据库提供的日志信息等。

（3）用户在网站登录注册时所填写的个人有关信息，如学历、爱好、地址等。

（4）要开展用户需求的研究。用户需求是图书馆服务工作存在和发展的前提，对用户需求行为的分析既是信息资源管理的起点，又是终点。没有用户需求也就没有图书馆的服务工作。因此，用户的需求行为直接影响着图书馆服务的内容。只有加强用户信息需求行为特点的研究，才能有针对性地开展工作，为满足用户的文献信息需求和开展优质高效的个性化信息服务工作提供依据。

（二）强化个性化信息服务支撑技术的研究

目前支持图书馆网上个性化信息服务所需的支撑技术有：

（1）Web数据库技术，完成用户登录、身份认证、数据分配等。

（2）网页动态生成技术，根据用户数据，动态生成网页。

（3）数据推送技术，实现主动服务。

（4）过程跟踪技术，跟踪用户身份、监控用户过程。

（5）安全身份认证技术，提供安全严密的身份认证管理。

（6）数据加密技术，保障数据在网络环境下的安全传输。

（7）智能代理技术，用于网络信息资源的管理与服务，是联系信息用户和网上信息的中介，也是个性化信息服务中的关键技术。

智能代理技术在个性化主动信息服务中主要解决三方面的问题：获得用户的信息需求、自动检索信息和检索结果信息的推送。通过智能代理技术，图书馆在获得用户信息需求后，系统就会不断地为满足用户的特定需求而工作，一旦找到合适的中间或者最后结果，系统会主动通知用户，从而最大限度地扩展应用服务系统和最终用户之间的信息交流。图书馆个性化信息服务的实现很大程度上取决于信息搜索的智能化程度。也就是智能代理技术的发展程度。当前，国内外对个性化网上主动信息服务的研究，大多集中在基于Agent技术在信息检索中的应用研究，并且这些研究还处于尝试和探索之中。我们应该认识到，网上个性化主动信息服务的应用具有广阔的前景，对于支撑个性化信息服务技术的研究及其应用研究必将是极具竞争性的。

（三）建立丰富而有特色的信息资源空间

信息资源空间是指反映信息的各种载体和媒介及它们所构成的互动关系的整体，它已不再是传统意义上的藏书规模，它还包括追求实效的网络动态信息以及光盘等电子出版物。实践表明，信息用户在科研及工作中所需要的数据和参考文献等信息，不论是传统藏书还是网络资源都难以全面满足。

因此，在加强传统馆藏建设的同时，也要重视网络信息的建设，以便构建一个广阔的动态信息资源体系。另一方面，图书馆还有必要依托文献资源，进行深入加工，从文献整体转向知识单元的提供，结合用户需求确立主题，建立自己的特色数据库，并根据用户需求随时予以更新。

数字图书馆只有在做好常规服务的同时突破传统的模式并结合现代化模式，才能取得独特的效果，这也是图书馆个性化服务的最佳模式。

三、图书馆的个性化服务应以开展特色化服务为突破口

图书馆社会价值的实现需要两方面的良好基础：其一是共性基础，即外部形象基础；其二是个性基础，即图书馆的特色服务。良好而又富有个性魅力的特色服务，是图书馆实现其社会价值的关键条件之一，也是图书馆实现个性化服务的一个重要的基础。

（一）图书馆特色化服务趋势

图书馆特色化服务的主要宗旨是突出自身的资源、服务优势，在为读者服务中收到特殊的效果。要求图书馆在馆藏资源、服务方式及手段上有别于其他图书馆，以针对性强、专业化程度高、优势突出等特点，在为读者服务工作中发挥特殊的作用。

图书馆特色化服务是时代发展的要求。市场经济条件下的竞争机制，是图书馆特色化趋势的动因之一。在市场经济条件下，图书馆面临着来自内外两方面的挑战。一是来自图书馆外部的社会环境的挑战。随着市场经济的不断深入发展，社会上涌现出形形色色的信息机构。人们可以随时随地利用各种形式和手段，很方便地获取文献信息、知识情报信息。在这种局面之下，图书馆如果安于现状，丧失特色，就不会有吸引力，就会失去最广大的用户。二是来自图书馆界内部的竞争环境的挑战。所有的图书馆都面临着"优胜劣汰"这一市场经济法则的严格筛选，从而相互之间展开激烈的角逐。而图书馆的特色化，则是在角逐中取得有利地位的重要条件，是吸引某一层次、某一方面读者的有效办法。

以计算机技术与通信技术相结合为特点的现代信息网络，以及它所形成的网络化环境，是图书馆特色化趋势的又一动因。网络环境对图书馆信息资源的特色提出了"非做不可"的要求，或者说，网络环境迫使图书馆向信息资源特色化的方向发展。因为，当某一图书馆的馆藏文献转化为电子文献并通过网络提供给用户后，其他图书馆相同的文献信息资源再加工上网，就成为多余的了。只有图书馆上网的文献信息资源各具特色、互不雷同，网络才会真正成为资源丰富的宝库。

图书馆特色化服务是图书馆生存和发展的必然。随着全球信息化进程的加速，图书馆面临着许多机遇与挑战。没有特色就没有发展。作为社会文化教育事业的重要窗口，图书馆更应该办出特色。这样才能使自身在未来的信息社会中立于不败之地。

图书馆特色化服务是加速实现信息资源流通与共享的前提。众所周知，随着数字图书馆的出现，图书馆网络的形成，各图书馆必须以自身的特色资源及特色服务拥有自己的"网页"。藏书范围的重复，服务手段和方法上的雷同，毫无特色而言的"内涵"，很难跻身于波澜壮阔的信息海洋中。

（二）图书馆特色化服务体系建设

作为图书馆名牌形成基础的特色化服务，其体系构成应包括特色化的文献信息资源、特定的服务对象及特色化的服务形式和手段等。

1.以特色化的信息资源为基础

图书馆的信息资源优势在于其拥有的丰富馆藏。不同类型的图书馆有着各自的藏书特色。由于图书馆类型的多样性，决定了"特藏"建设的不同性。各馆应以自身的藏书结构为基础，从自身的实际出发，瞄准市场，以服务对象的需求为主导，加强自身的"特藏"建设。如学校图书馆和专业图书馆，应以教学和专业需求为主，建立一套藏书体系；公共图书馆应以本地区的经济建设为主导，形成具有本地区特色的藏书布局。这样，每个馆可以凭借自身"特藏"资源优势，开展特色服务。采取呈缴、交换、订购等多种补充方式，尽量收藏具有自己馆藏特色的文献，形成独特的收藏体系，既扩大了馆藏，又弥补了经费的不足，同时也为特色服务的开展奠定了基础。

2.数字图书馆特色化的信息资源可以有多方面内容

（1）馆藏资源的特色化。无论是大型公共图书馆还是中小型图书馆，其馆藏资源的特色化均具有十分重要的意义。甘肃省图书馆的"区域资料文献"、北京市东城区图书馆的"北京服装资料馆"和湖北省黄石市的"服装特色图书馆"，均能有针对性地收藏文献资源并提供特色化的二次、三次文献，取得了良好的经济效益和社会效益。

（2）网络资源的特色化开发与利用。所谓网络资源的特色化开发与利用，是指图书馆对于符合自己特色、符合特定需要的网络资源的采集。网上资源丰富而庞杂，图书馆要本着自己的特色化要求，有所选择地加以开发和利用。

3.特色化的信息资源的提供，是特色服务的物贡基础和本源，对于特色服务的形成有着举足轻重的作用

（1）以特色服务为目标。特色藏书体系的建立，为开展特色服务创造了良好的前提条件。现代图书馆藏书的目的是"藏为所用"，而不是将所藏的文献"束之高阁"。这就要求我们以特色服务开发特色馆藏，从而提高"特藏"文献的利用率，扩大图书馆服务工作的范围，"激活"图书馆的特色资源。我们可以尝试开辟一些具有地方特色的"文库"，如"地区名人作品收藏中心""地方经济文化发展

史展览中心"，直接为工农业生产、科研课题进行全过程的专门化服务，充分发掘馆藏，及时捕捉社会各种传媒上的信息，为我所用，以特色服务手段，达到特殊的效果。

（2）以特色数据库建设为方向。网络化建设的基础是建立健全具有本地区特色的数据库。特色数据库的特点就是充分展示本地区、本部门有特色的资源。我国数据库建立之初，缺乏统一规划，各自为政，导致数据库结构不合理，重复建设严重，规模、容量、产值较低，服务能力差，数据库联网少，资源共享程度不高。随着计算机技术和网络技术在全球范围内的迅速发展，信息存储和检索的地理界线被打破，人们自由查询各种信息成为可能。美国的许多地区都组成了几十个、上百个图书馆的联合体，形成具有地区特色的图书馆计算机网络，实现了地区性资源共享。特色数据库要求我们走文献资源专业化、特色化的道路，放弃"大而全""小而全"的藏书建设观念。图书馆纳入全球信息网络是历史的必然。因而，各图书馆应该自觉地协调收藏范围。彼此不重复，办出自己的特色，实现各具特色信息资源构建的网络环境，达到文献资源共享的目的，满足广大读者对文献信息的需求。

（3）以特定的用户群为服务指向。它要求图书馆根据某地区或某学科、某专业领域的实际情况，针对特定的读者群来收藏、组织文献资料，并提供针对性很强的特色化文献信息产品。江西省的"庐山旅游图书馆"、湖北省的"广告资料馆"都是有特定服务指向的。

四、图书馆个性化服务应以知识组织为关键

图书馆个性化服务需要对各种主客观知识进行有效的组织和集成，只有对支撑不同服务形式和服务需求的知识资源进行合理、科学的组织，才能真正实现图书馆的个性化服务，满足不同用户的个性化需求，一般说来，图书馆个性化服务知识组织内容应包括显性知识和隐性知识两大类。

显性知识也叫客观知识，是可以通过语言文字方式传播的知识，是可表达、有物质载体、可以确知的知识。图书馆馆藏资源，包括纸质资源和电子资源、网络信息资源、馆际共享资源等均属于图书馆显性知识资源。

隐性知识也叫主观知识，是存在于人的头脑中的未编码的经验性知识，往往不易用语言表达，传播起来比较困难，图书馆隐性知识主要由图书馆员个人隐性知识和团体隐性知识构成，图书馆员个人隐性知识包括图书馆员的知识结构、知识水平、工作经验，以及在工作中发现问题、解决问题的能力和学习新知识、接受新事物的能力等。团体隐性知识包括图书馆办馆思想、方法、规律、经验、管理技能、组织学习能力及群体成员的默契、协作能力等图书馆文化。

　　图书馆个性化服务要求在对用户需求进行分析、挖掘的前提下，提供知识定制服务、智能过滤服务、知识导航服务、知识检索服务、知识推送服务。而有效的方式就是面向用户整合图书馆显性知识资源和隐性知识资源，这种整合是图书馆根据用户的需求和资源的特点，将图书馆相对独立的众多资源按照它们之间内在的知识关联进行重组，形成统一的高效利用的资源体系，包括不同载体、不同类型知识资源之间的整合。本地资源与远程资源之间的整合，图书馆内、外部资源之间的整合，通过这种知识资源整合使图书馆的资源为用户个性化服务提供保障。

　　建立以用户需求为导向的个性化服务知识组织体系主要包含三层意思：一是以用户信息需求为导向组织知识资源和提供服务；二是根据用户特点创建个性化的信息环境，为不同类别的用户提供具有针对性的服务；三是帮助用户解决其需要解决的问题，为其决策提供知识服务。图书馆个性化服务将用户信息需求作为终极导向是个性化服务区别于传统服务的本质，图书馆个性化服务根据用户实际需要搜集并选择各种知识资源，为用户克服因信息分散而造成的检索困难而提供索引指南，为用户便于理解和吸收知识而提供经过提炼、加工和重组的新的数字信息产品，它强调利用自己独特的知识和能力直接介入用户解决问题的过程为用户提供知识并创造价值。

第四节　情景感知与智能服务的创新

　　关于个性化信息服务（PIS）的研究一直是备受图书馆领域关注的课题。但随着个性化服务应用的不断深入，人们逐渐发现当前图书馆在实现个性化服务中存在的一些不足，包括：①当前多数PIS系统使用烦琐或系统复杂，不能自动地获取用户需求；②获取的用户个性化需求准确性和可靠性不高；③自适应性不强，提供的服务不能适应用户信息需求不断变化的实际情况；④缺乏探测性，用户的信息需求有时不是非常有目的性，需要根据对用户已有需求的了解推断出用户可能感兴趣的信息，而当前的PIS系统和方法在这方面没有考虑或者考虑很少。

　　与此同时，随着情景和情景感知的研究不断深入，并取得不少成功的应用案例，基于情景感知的自适应服务应运而生。情景），也称情境、上下文，是指用于刻画一个实体所处状态的任何信息，包括每个实体的位置、时间、活动和偏好等。这里，实体可以是一个人、一个地方、一个对象，也包括用户和应用软件本身。利用情景向用户提供适合当前情形的相关信息或服务就是情景感知服务。它通过自动感知用户当前所处的情景信息（如人物、地点、时间和任务等）自动获取和发现用户需求，实现信息服务与用户的自适应，提高服务的准确性和可靠性，是协助信息服务系统提高性能和质量的重要支持手段和方法。因此，个性化服务开始探究引入情景和情景感知的方法。

一、图书馆中基于情景感知的自适应个性化服务的产生动因

泛在计算和移动网络的发展极大地改变了用户获取和使用信息的方式。用户需求不断趋于动态化、多元化、高效化，同时，越来越多的信息服务商给图书馆的发展带来了严峻的挑战。图书馆只有不断寻求新的服务方式，才能获得可持续发展。因此，将情景感知引入图书馆个性化服务中是多种动力综合作用的结果。

（一）移动技术推动与泛在环境的挑战

从传统图书馆到数字图书馆、移动图书馆，图书馆的每一步发展都离不开信息技术的支撑和推动作用。20世纪90年代，泛在计算（也称普适计算、无处不在的计算）的概念被提出。普适计算的应用、泛在环境的建立，更是对图书馆的形态、资源与服务都产生了重要的影响。泛在环境下，随着无线网络技术、传感器技术和移动终端设备的发展，信息技术对用户活动及其所处情景的捕获、分析和推理能力进一步增强，为图书馆营造普适计算环境，将信息服务融入用户当前的任务情景，通过"感知"用户的具体行为识别用户的实时需求，并据此为自适应的动态服务提供了发展契机。因此，移动技术的发展与泛在环境的到来，成为了图书馆关注、获取情景信息并探讨实现情景感知自适应服务的重要推动力。

（二）图书馆应对危机、获得自身持续发展的出路

图书馆作为传播知识和提供服务的重要机构，曾经在传统的信息交流体系中扮演着重要的角色。但随着信息技术的发展和数字资源的主流化，信息资源中心和公共信息服务平台的非图书馆化，以及以用户和信息生产者驱动的信息资源与服务市场新格局的出现，图书馆作为曾经信息服务中心的地位正在被边缘化。而情景感知自适应服务就是充分利用情景感知计算的技术优势，通过获取用户的地理位置、时间、标志和活动等当前情景信息，并结合用户的历史情景，自适应地调整信息服务，贯彻"用户在什么位置，服务就延伸到什么位置"是图书馆应对危机、获得自身发展的重要出路。

（三）用户信息需求动态化、情景敏感化

以用户为中心、满足用户的个性化需求是图书馆一切工作的出发点。但是用户的个性化需求是复杂的、多维的、动态的、易变的，尤其是在当前的移动环境和泛在环境下，用户的个性化需求表现出极强的情景敏感性。这种需求特点的变化对图书馆服务提出了更高的要求，引领着图书馆个性化服务的变革方向。图书馆传统的依靠用户模型提供个性化服务的方式已无法满足用户的需求，这是因为

用户的信息需求不仅与用户的身份、兴趣、偏好等有关，而且依赖于时间、地点、用户任务以及用户与系统的交互历史等情景信息，后者甚至是决定用户所需信息的关键因素。因此，基于情景感知提供自适应的个性化服务是图书馆满足用户动态多变信息需求的重要举措。

二、图书馆情景感知自适应个性化服务的定位

（一）情景感知与图书馆个性化服务的契合性

情景感知不仅是一种技术，更是一种理念，它通过将情景信息引入推荐系统中，以进一步提高个性化服务的精确度和用户满意度，兼具普适计算和个性化两种优势。情景感知计算作为普适计算的核心领域之一，能够利用人机交互或传感器提供给计算设备关于用户与设备环境等方面的情景信息，并让计算设备给出相应的反应，从而支持用户随时随地获取符合个性化需求的信息，为图书馆个性化服务的实现提供了有效的支撑。普适计算所体现出的普适服务"无所不在"的时空特性、"自然透明"的人机交互模式，以及"以人为本"的根本理念，与图书馆的用户服务理论也是不谋而合的。

另外，用户个性化需求的复杂、异构、变化甚至冲突，使得用户所处的具体环境和状态不同，面临的任务不同，其需求也将会不同。即使在同样的情况下，由于用户知识积累与偏好的不同，其所需的信息与服务也不尽相同。因此，将情景感知引入图书馆个性化服务具有重要的研究意义和实用价值，情景感知与图书馆个性化服务具有天然的契合性。

（二）图书馆情景感知自适应个性化服务的内涵及特征

图书馆情景感知自适应个性化服务是以用户为中心，将图书馆的信息空间与用户的物理空间相融合，将图书馆服务嵌入到用户的活动任务过程中，通过系统自动感知实时情景来智能判断用户活动行为及目的，并自适应地调整系统的服务行为，以便满足用户动态需求的新型服务模式。情景感知服务的目的是通过利用人机交互或传感器提供给计算设备的各种情景信息，构筑自动适应用户及其任务需求的服务体系，使图书馆服务充分融入并逐步成为用户信息活动的有机组成部分。因此，这种服务具有环境导向性、情景适应性、智能性、主动性等特征。

三、图书馆情景感知自适应个性化服务的实现

（一）图书馆开展情景感知自适应个性化服务涉及的问题剖析

图书馆情景感知服务的开展依赖于情景感知技术，情景感知技术涉及情景要素的界定、情景信息的获取、情景过滤与推理、情景建模、情景管理与利用等多

个方面，这些问题的有效解决是实现情景感知服务的关键。在针对图书馆个性化服务的应用中，需要关注的情景要素包括用户情景与资源和服务情景。用户情景包括用户的身份、偏好、需求历史、当前的任务与活动、周围的环境状态等信息。资源情景包括图书馆资源的类型、用途与所属学科、被用户利用的情景以及用户使用之后的反馈和评价等信息。服务情景包括服务的特性、功能、质量、服务状态等信息。情景信息可以通过感知器捕获、从已有的信息中抽取、由用户直接设定等多种方式获得。在情景感知服务的应用领域，其主要获取方式包括显式获取、隐式获取和推理获取。通过各种方式获取的情景信息一般是原始的、模糊的、不精确的、不稳定的，甚至是冲突的、不一致的数据，因此需要进行清洗、过滤、推断、解释和融合，以得到各种应用所需的高层情景。

（二）图书馆情景感知自适应个性化服务的实现模式

由于技术等方面的限制，目前情景感知服务系统还不能捕获各种完整而又准确的全部情景信息，完全智能化服务的实现还比较困难。因此，在当前图书馆中，基于情景感知的自适应个性化服务主要有以下三种实现模式：

1.情景感知检索服务

在信息搜索活动中，无论是用户的信息需求，还是用户所需的各种信息，都是处于各自的情景之下的，因此可以有效地利用情景信息提高检索性能，而开展基于情景感知的信息检索与信息抽取研究已经成为信息领域具有挑战性的一个新课题。ACMSI-GIR 和 European Science Foundation 等组织早在 2004 年 7 月的国际会议 IRIX 上就开始讨论如何利用情景信息帮助信息检索。情景信息可以帮助确定查询关键词的意义，可以用来进行查询扩展以及过滤初始的查询结果。在当前的图书馆信息检索服务中，情景信息主要用于对初始的检索结果进行重新排序与过滤。

情景感知检索服务综合考虑了用户的查询情景、查询任务、查询条件、用户偏好以及所需信息的情景等因素，使得用户能够获得动态的查询结果，即检索系统能够根据具体的检索情景和应用环境，能动地、自适应地输出用户真正需要的结果，从而有效地提高个性化检索的准确性和可靠性。情景化的检索也被认为是信息检索领域中的一个长期挑战。

2.情景感知推荐服务

基于情景感知的推荐服务和推荐系统的理论与方法研究在国外的许多大学和研究机构都得到了深入的开展。ACM 推荐系统年会从 2009 年开始举办情景感知推荐系统专题研讨会 CARS（Conference on Recommender Systems），到目前已经举行了三届，对情景感知推荐系统领域中的情景建模技术、情景依赖推荐数据集、识别相关情景数据的算法、融入情景信息的推荐算法等问题进行了广泛的探讨。

2011年2月在美国举办的情景感知检索与推荐专题会（Workshop on Context-ware Retrieval and Recommendation）重点关注情景感知的建模、聚类、检索、推荐、协同过滤等主题。继2010年情景感知的电影推荐年会成功举办之后，CAM-Ra2011也与推荐系统年会一起举办，对基于情景感知的电影推荐课题中的挑战进行了深入探讨。情景信息在提升图书馆个性化推荐质量方面同样具有非常重要的作用。现有的个性化推荐主要考虑用户和资源（服务）两个方面的因素，而基于情景感知的个性化推荐不仅考虑用户与项目的二元关系，而且还融入了用户的需求情景和资源或服务情景，进行多维度的推荐，生成精确度更高的推荐服务。

在基于情景感知的图书馆推荐服务中，既通过对比资源或服务情景与用户情景的相似度进行内容匹配，向用户推荐最适合其情景的资源或服务，同时又能够根据用户在特定情景下的行为和需求进行用户聚类，从而可以组成用户社区，实现协作推荐。当然，情景化推荐中涉及情景信息的有效获取与计算、用户情景化需求的精确提取、情景感知推荐算法以及隐私与安全等问题，需要在具体的实现过程中对很多技术问题进行深入研究。

3.情景感知咨询服务

为用户提供参考咨询服务是图书馆的核心业务之一。然而传统的咨询服务存在以下缺陷：一是缺少对提供咨询答案的权威性与可靠性的检查；二是未考虑用户与咨询人员交互过程中的情景因素，导致对不同用户提出的同样问题给予统一的答案。

基于情景感知的问答咨询服务则综合考虑了用户、问题所属领域、回答者、相关答案等情景因素，根据用户提出问题时所处的位置、提问的原因、与问题相关的隐含因素、用户特点、用户先前咨询过的问题、交互历史等情景信息，为用户提供量身定制的答案。将情景信息融入咨询服务过程，在目前国内外的咨询服务实践中已得到了一定的应用。互联网公共图书馆（IPL）提出了一个多学科研究计划来探索问答服务中情景的影响，通过在数字问答服务中充分挖掘情景因素的作用，并致力于开发一个情景敏感的线上参考服务，以帮助用户在一个数字图书馆中找到问题的正确答案，从而提供高效的咨询服务。中国科学院国家科学图书馆在国内外图书馆界首次开展实时咨询服务，利用页面共览、嵌接和情景敏感等先进技术，将咨询服务全程嵌入用户环境和流程中，实现向不同IP的读者推荐相应的学科馆员或本地咨询馆员，从而提升咨询服务的质量和效率。这些实践活动为在图书馆中广泛开展基于情景感知的咨询服务提供了有效的参考借鉴。

移动、泛在环境的发展直接推动了图书馆个性化服务的变革，图书馆将不再是被动地满足用户的需求，而是主动感知用户场景的变化并进行信息交互，提供智能化的自适应服务。这种新型的服务不仅拓展了图书馆个性化服务的新模式，丰富了图书馆信息服务的理论体系，同时也能够有效地改善用户体验，提升图书馆在高速变化的信息环境下应对危机与挑战的能力，具有重要的理论和实践价值。可以预见，以用户为中心，具备丰富的泛在智能环境和情景感知能力，为用户提供迅速、快捷、高效的信息资源，提供面向用户最佳个性化体验的情景感知服务，将是未来图书馆信息服务的发展方向。

第六章　图书馆服务模式构建的实施路径

参考咨询服务是图书馆应广大读者的需求而开展的一项服务，是图书馆传统读者服务工作的延伸和发展。本章内容包括图书馆参考咨询工作概述、图书馆参考咨询服务的形式、图书馆参考咨询服务的内容。

第一节　环境分析与需求评估

一、参考咨询的界定

关于参考咨询的定义，美国参考咨询专家威廉·卡茨在《参考工作导论》一书中指出：“参考咨询最基本的含义是解答各种问题。”《英国大百科全书》中的定义为：“参考咨询是参考咨询员对各个读者在寻求情报时，提供个别的帮助。”这两个定义明确指出：参考咨询的本质就是解答读者在利用图书馆时遇到的问题。北京大学、武汉大学合编的《图书馆学基础》指出：“参考咨询工作的实质是以文献为根据，通过个别解答的方式，有针对性地向读者提供具体的文献、文献知识或文献途径的一项服务工作。”该定义明确指出参考咨询的基础是文献，参考咨询服务以文献为主要依据，针对读者在获取信息资源过程中提出的各种疑难问题，利用参考工具、检索工具、互联网以及有关文献资源，为读者检索、揭示、提供文献及文献知识或文献线索，在读者使用不熟悉的检索工具时给予辅导和帮助，以解答读者问题。由于解答问题的主要依据是图书馆现有的文献或其他参考源等，且提供的答案又是参考性的，所以，对于这类服务多称作“参考咨询服务”“参考服务”“咨询服务”等。

参考咨询员的任务就是对于寻求情报资料的读者给以积极的帮助，对他们所需的某些知识或文献方面的有关问题给予迅速和积极的解答。关于参考咨询服务的内容，在不同的时期有不同的看法。早期图书馆界认为，参考咨询的内容只限于提供书目。由于读者对图书馆缺乏足够的了解，不知道图书馆能够提供什么文献资源，咨询服务的内容大多停留在帮助读者利用各种书目工具、查找图书馆的馆藏资源等。

随着读者需求层次的不断提高，参考咨询服务水平也得到迅速发展，参考咨询员开始利用图书馆丰富的工具书为读者解答大量的知识性问题。这时，参考咨询的内容除了书目检索服务外，开始直接回答一些具体的问题，参考咨询员尽可能地为读者提供有关问题的直接答案，以满足读者的信息要求。

随着参考咨询问题的不断深入，参考咨询服务的内容也开始不断拓展和深化，参考咨询服务除了传统的书目服务、文献检索服务、阅读辅导外，还涉及一些比较深入的定题服务、技术服务、网络资源导航服务等。例如，图书馆为用户就某一课题、产品、决策、管理或者其他专门问题而提供相关信息的搜集、检索、整理、分析、研究等服务，并提出相应的建议、结论或方案。这类参考咨询服务的对象已经不限于读者，而是扩展到社会上的各类用户。参考咨询所借助的信息资源除检索和收集现成的信息以外，还需要咨询人员实地调查和采集。参考咨询服务的内容经常需要进行一系列复杂的信息整理、分析和研究等工作，并提交相应的研究成果或者研究报告等信息产品。这种比较专业的信息服务在性质上应属于知识创新，它通过信息的集中、浓缩、重组、综合等方式产生新的信息，如综述、述评、分析报告等，这些新信息能够为用户提供额外的价值。这时，又出现了信息咨询的概念。

随着形势的进一步变化，当前有许多图书馆不仅提供基于馆藏文献资源的信息服务，而且还提供一系列扩展服务。例如，随着数字图书馆建设的发展，图书馆为用户进行专题研究提供了计算机、扫描仪、打印机、多媒体设备，以及安静独立的研究空间等先进的设备和设施，图书馆为各种学术文化和社会事务活动提供了场所、设施和组织策划等，图书馆还向用户提供了打印、复印、装订、扫描、磁带复制、光盘刻录、电子邮件收发、数字化加工制作等服务。这类扩展服务有的和文献信息服务结合在一起向用户提供，有的则独立地向用户提供。用户在利用图书馆这些扩展服务的过程中，显然也会需要图书馆提供相应的咨询服务，例如服务的制度和规定、设施设备的使用方法、会场布置方案、主题内容策划和活动程序安排等方面的咨询服务。这种新的咨询服务的出现，使得图书馆咨询的服务用户和服务领域空前广泛。

随着网络技术在参考咨询中的应用，参考咨询的方式方法也发生了根本性的变化。一方面是虚拟参考咨询的兴起，馆员与用户之间的联系、文献传递等都是依靠网络进行的；另一方面是联合咨询的出现，参考咨询问题的解答仅仅依靠一馆之力是不够的，需要联合多个图书馆的咨询专家共同完成。于是又出现了网络参考咨询、虚拟参考咨询、数字参考咨询、实时参考咨询、合作参考咨询等概念。

二、参考咨询的主要特点

参考咨询的服务内容不断地深化和拓展，其服务方式也呈现出现代化、网络化、多样化的趋势，使参考咨询成为读者服务中最活跃的内容，并表现出以下特点（图6-1）。

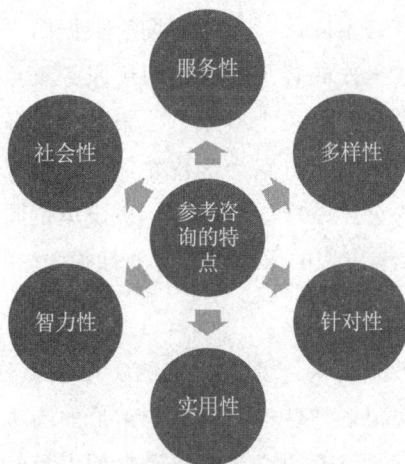

图 6-1　参考咨询的主要特点

（一）服务性

从本质上说，参考咨询仍然属于读者服务工作的范畴，服务性是参考咨询最基本的特征。参考咨询是在图书馆传统的工作流程采访、分类、编目、典藏、流通、阅览的基础上开展的一项重要内容。在参考咨询过程中，馆员通过解答读者提问，来满足读者的个性化需求，服务内容与其他部门的读者服务工作有着千丝万缕的联系，是读者服务的延伸和发展。

（二）多样性

从参考咨询的内容和形式来看，参考咨询呈现出多样性的特点。

首先，读者咨询问题多种多样，来源广泛。有来自社会各个部门的咨询问题，也有涉及学科领域的专业问题；有综合性的咨询，也有专题性的咨询；有文献信息咨询，也有非文献信息咨询。当然，并非读者提出的一切问题，图书馆都应给予解答，只有属于图书馆服务范围的问题，才是参考咨询的服务内容。

其次，参考咨询形式多样化。从读者提问的形式看，有到馆咨询、电话咨询、信件咨询、网络咨询等多种形式；从馆员对具体问题所采取的形式看，有文献检索方法辅导、提供文献线索、提供原文、定期提供最新资料、提供专题研究报告等。

（三）针对性

从参考咨询服务的目的来看，它具有很强的针对性。参考咨询主要针对读者的学习、工作与生活中所遇到的问题，提供文献信息服务，以满足读者个性化的服务需求。读者需求是开展咨询服务的前提，没有读者需求，也就没有图书馆的咨询服务，所以调查了解读者的信息需求是开展参考咨询服务的基础。各类型各层次的图书馆的服务对象是不同的，参考咨询应根据图书馆的方针和任务开展读者需求调查研究，以分清工作的轻重缓急，明确服务重点。比如，公共图书馆担负着为所在地区的党政机关和有关企事业单位服务的任务，参考咨询的重点是政府决策和经济建设；高校图书馆重点为学校教学与科研服务，参考咨询的对象主要是教师和学生，服务的重点是教学与科研；科研单位图书馆主要为本系统科研工作及领导决策服务，参考咨询的服务内容专业性很强。

（四）实用性

从参考咨询工作的效果来看，具有一定的实用性。首先，读者在实际生活、工作和学习中，必然会碰到各种各样的问题，馆员的参考咨询服务可以帮助读者获取资料和利用图书馆资源，节约读者查找资料的大量时间。其次，参考咨询服务还有利于深入开发文献资源，提高文献资源的利用率，为科学研究、领导决策和企业发展提供丰富的文献资源和动态信息。例如，随着图书馆情报职能的增强和现代化技术的应用。高校图书馆从优化资源配置、提高服务质量、方便读者使用等方面入手，在保证为高校的教研工作提供服务的基础之上，扬长避短，立足于参与社会情报服务，为社会提供实用易得的经济信息服务。参考咨询突出体现了图书馆的情报职能与教育职能，它所表现出来的工作水平与开发能力反映了图书馆服务的优劣，参考咨询工作的社会价值体现在工作效率、社会效率和为经济建设服务的效益等。

（五）社会性

图书馆是信息产业的有机组成部分，主要具有保存人类文化.遗产、开展社会教育、传递科学信息和开发智力资源四种社会职能。参考咨询服务是一个开放性的社会服务系统。

第一，咨询服务对象具有鲜明的社会性。参考咨询服务就是图书馆运用各种方法帮助读者解答在科研和生产中需要查阅文献资料而出现的疑难问题，为读者提供所需的文献和情报。随着社会信息化程度的不断提高及图书馆服务观念的转变，参考咨询服务的社会化程度日益加深，服务对象与范围进一步扩大。尤其是开展了合作咨询和线上咨询服务以后，其服务对象已不再限于馆内读者，本社区乃至跨地区、跨国界的有关用户都可能成为服务对象。

第二，咨询队伍具有鲜明的社会性。由于科学技术的发展，科学知识与信息资源急剧增长，光靠一个图书馆的力量已无法单独完成各种资源库的建设及各种咨询问题的解答，更谈不上各种咨询软件的研制与开发。知识与资源的共建共享势在必行，咨询队伍建设的协作化与社会化取得了进一步的发展，出现了跨地区跨国界的合作咨询。

第三，咨询服务内容具有社会性。随着图书馆日益融入社会信息化的浪潮之中，参考咨询服务的内容也由过去以学科咨询、专业咨询为主转向为广大用户提供涵盖学习、生活、工作等方面的各类社会化信息，以最大限度地满足用户日益增长的信息需求。

（六）智力性

从参考咨询所需的技术来说，它属于一种知识密集型的智力劳动。图书馆参考咨询服务不像外借流通服务那样直接简单地为读者提供原始文献，在解答读者咨询问题中，除少数的咨询问题可以仅凭借图书馆工作人员的知识和经验回答外，大部分问题都要对文献的检索、加工、整理、分析、研究等活动进行结合，其工作的实质就是以文献查找、选择与利用为依据，向读者提供具体的文献、文献知识和文献检索途径，它是一种复杂的、学术性较强的、对服务人员素质要求较高的服务方式。例如，在一些大型图书馆，已有专门的情报研究部门，开始为政府、企业、科研开展深层次的研究服务，提供辅助决策功能。图书馆一般都增设了专门的部门或工作人员，从事定题跟踪服务、专题文献调研、编制专题文献书目、文摘、论文索引和特定的资料汇编等工作，还可以承担课题立项、科技专题查新、专利申请等更深层次的服务。这种服务主要针对一些较固定的读者，具有长期性和稳定性，这要求咨询工作人员具备较高的专业技能并要做大量额外的工作。

三、参考咨询的工作体系

参考咨询工作的开展涉及多个方面的因素，如咨询台、咨询人员、参考文献源、咨询内容、咨询模式等。各个因素相互依赖、相互作用，共同形成参考咨询工作体系。因此，采用系统的观点来分析参考咨询体系的构成要素、明确构建原则、合理配置各项咨询要素、规范工作模式，将有助于提高参考咨询工作的效率和质量。

（一）参考咨询体系的构成要素

要构建合理有效的图书馆参考咨询体系，首先必须明确其构成要素。参考咨询体系的构成要素很多，主要包括以下几个方面：

1.咨询对象

不同的图书馆具有不同的任务、不同的用户群体，参考咨询工作首先应根据图书馆的根本任务，分析用户群体的构成、需求特点，确定参考咨询服务对象。

2.服务内容

在用户需求分析基础上确定参考咨询工作的服务内容和服务形式。目前，图书馆提供的咨询内容丰富多彩，形式多种多样。在服务内容上，有针对图书馆基本情况的问题，如馆室结构、藏书布局、机构设置、服务项目（包括基础服务和扩展服务）、开放时间、规章制度等方面的一般性问题；有比较专深的检索类问题；有各种宣传活动和专题讲座等，如各种信息发布、信息资源的宣传、文献检索方法的培训、网络资源导航、观看录像、组织实地参观、文件传输（FTP）和视频点播（VOD）服务、学术讲座、专题展览等。此外，文献资源的数字化建设和专题数据库建设也是参考咨询的重要内容。在服务形式上，馆员与用户互动，有面对面的交流、通信、电话、传真、E-mail、虚拟咨询台等。各馆面对的用户群体不同，其信息需求也不同，参考咨询的服务内容应根据用户的实际需求进行选择。

3.参考咨询员

参考咨询员是咨询的主体，是整个咨询体系中最活跃和最具决定性的因素。一般大型图书馆都建立了专门的咨询部门，配备专职的参考咨询员，开展各种咨询服务。参考咨询员的业务素质和工作态度对咨询的成败和质量具有决定性的影响，因此，选择优秀的参考咨询员是咨询工作的首要内容。

4.参考信息源

参考信息源是开展参考咨询工作所必需配备的各种常用文献资源，包括各类检索工具书和电子资源。对于一些简单的常规性问题，咨询人员通常可以凭借其知识和经验即时解答，但是对于比较复杂和专深的问题，咨询人员则必须借助一定的咨询信息源才能做出解答。这些咨询信息源通常包括各种工具书和数据库，但在必要时还需综合运用多种文献信息资源。即使是针对用户在利用图书馆场所、设施和组织策划服务中提出的咨询问题，有时也需要一些特殊的咨询信息源，例如，有关该项服务的介绍资料、服务制度和规定、设施设备的使用说明、成功案例资料、合同样稿、多媒体演示系统等。

5.参考咨询平台

参考咨询工作要有一定的场所、设施和其他技术手段来支持，它们的总体可以视为一个参考咨询平台。参考咨询平台包括参考咨询服务台、参考工具书、电话、电脑、打印及网络设备、文献资源数据库等。图书馆一般在馆内设置总咨询台，并配备专职或兼职的总咨询员。总咨询员应对全馆的基本情况和各业务部门的服务内容及程序有比较深入的了解，并且最好能够熟练地使用各种工具书、熟悉本馆目录系统和常用数据库的基本检索方法，以备用户对这些问题进行咨询。

6.咨询规范

咨询规范规定了开展咨询服务的方法、程序和制度，是使咨询人员、咨询信息源和咨询平台联合在一起的桥梁。咨询规范的内容主要包括：咨询服务管理办法、咨询受理和服务程序、用户咨询须知、咨询服务公约、咨询收费标准、咨询合同和咨询报告的标准文本格式、咨询档案和咨询统计管理制度以及图书馆的相关规章制度和国家相关的法律法规（如《科学技术保密规定》）等。对于一些特殊性质的咨询工作，还必须遵守国家有关的专门规范，例如，科技查新咨询就必须严格执行科技部制定的《科技查新规范》等相关文件。建立一套完善的咨询规范体系，对咨询工作进行规范化管理，这是提高咨询服务水平的重要保证。

上述几个要素互为支持，互为一体，相辅相成，缺一不可，共同组成了图书馆的参考咨询体系。

（二）参考咨询体系构建的原则

在以上思路的基础上，各图书馆应结合本馆实际情况，协调各项咨询要素的建设与配置，力争构建一个全面、高效、优化、开放的综合咨询体系。参考咨询体系的构建必须根据图书馆的实际需要，同时坚持以下原则：

1.坚持以人为本

从我国参考咨询发展现状可以看出，图书馆参考咨询服务是围绕资源展开的，而不是围绕用户需求展开的。参考咨询注重馆藏文献资源的利用与开发，而忽视了对用户需求和围绕用户需求的现代信息服务保障体系的研究。参考咨询是用户与馆员之间的交流行为，说到底是人与人之间的交流行为，因此参考咨询要坚持"以人为本"的原则。首先，要以用户为中心，深入研究用户需求特点，建立综合信息服务体系，尽可能为用户提供各种方便，满足用户的各种合理要求；其次，要以馆员为本，通过营造方便、舒适、快捷的咨询工作环境，充分调动馆员的积极性、能动性和创造性，开展深层次的服务，提高参考咨询服务的水平。

2.坚持服务至上

参考咨询本身就是服务的重要组成部分，其目的也是为了提高服务的质量和效率，它与服务是互为一体的。因此，要坚持在咨询中服务，在服务中咨询，以咨询促进服务，以服务推动咨询。只有坚持咨询与服务的紧密结合，才能谋求图书馆服务与管理的不断发展。

3.坚持分工与协作相结合

图书馆本身是一个协作性非常强的机构，参考咨询用户来自社会的各行各业，咨询的问题也五花八门。用户需要的是具有参考价值的、高质量的、特殊的个性化信息，而不是优劣混杂、质量低下的相关信息。要回答用户的各种咨询问题，往往依靠一个图书馆的力量是远远不够的，所以在参考咨询工作中既要有所分工、各司其职，又要体现团结协作、联合多个图书馆的咨询专家共同开展咨询服务，以满足各个社会领域的众多用户对信息的不同层次、不同角度的需求。

4.坚持实用性

参考咨询工作体系的建立应突出实用性，包括服务内容要坚持全面性，要能够覆盖图书馆的全部服务领域。其反应机制要坚持高效、快速、敏捷，并且在运行过程中不断优化。咨询服务要对用户呈现最大程度的开放性，让用户和馆员都能感觉到咨询体的存在，感觉到咨询体系的运行和动态性特征。

（三）参考咨询体系的评价内容

对所构建起来的参考咨询体系，图书馆应组织定期评价，以谋求不断优化和改进。评价时主要可以从以下两个方面加以考察：

第一，评价各项要素的建设状况。主要考察各项要素的建设与配置状况能否满足咨询工作的需要，如咨询人员数量是否足够、资质是否合格、结构是否合理、咨询信息源是否全面充分、咨询平台功能是否齐全和优良、咨询规范体系是否健全、咨询档案记录和业务统计制度是否规范、各项要素的配置是否合理等。

第二，评价参考咨询体系运行状况和效果。主要考察综合咨询体系的运行是否顺畅，运行效果如何，是否达到预期的目标，是否确实促进了图书馆的各项服务和管理工作；咨询工作的业务数量有多少，各类咨询业务的分布情况如何；用户是否满意，满意率有多少，满意程度如何；所建立起来的咨询体系是否有疏漏，是否覆盖了图书馆的全部服务区域，是否体现了综合咨询体系的最初理念，是否始终坚持了事先确定下来的指导原则等。

在具体的评价工作中，可以事先制定一系列比较详细的评价指标，将这些指标与实际情况加以对比，并做出评判。应该说，当前我国图书馆事业的发展是相当快的，许多图书馆的服务领域不断扩大，服务手段不断革新。与此相比，咨询工作和咨询理论也应谋求不断发展和创新。

第二节　服务模式实施策略

一、传统参考咨询服务的形式

传统参考咨询服务形式是相对于现代网络咨询形式而言的，这种服务形式大多是单个的、重复的、被动的、琐碎的，比较简单，通常是以坐等读者上门咨询、即时或留档解答问题，以及协助检索的方式向读者提供事实、数据和文献线索的服务，即一对一、面对面的阵地式服务模式。其服务过程是首先是负责参考咨询的馆员认真听取、回答读者的提问，其次是提供给读者相应的参考咨询服务。

传统参考咨询服务方式的实现形式主要有以下三种：

（一）面对面咨询

面对面咨询是图书馆传统的参考咨询服务方式。咨询台服务以其简单方便的形式为读者解决实际问题，从而受到了广大读者的欢迎。目前，这种简单、及时、有效的传统咨询方法常被用于图书馆大厅、各楼层设置的参考咨询台或参考咨询室。图书馆参考咨询馆员可以通过咨询台这一服务窗口，做好图书馆的宣传、接待、引导工作，充分利用自己的知识积累，以口头形式解答到馆读者的一些常见问题。在我国，图书馆的服务窗口一般都有工作人员解答读者所咨询的问题，帮助读者解决在图书馆查找资料中所遇到的问题，如为到馆读者提供读者指南、图书馆简介、馆藏资源分布、服务体系与特色介绍、各种数据库简介，以及目前开展的各种读者服务活动介绍等。

优点：其一，读者亲自到馆提出咨询问题，与参考咨询人员进行面对面的交流与沟通，既便于图书馆参考咨询人员了解读者的真实意图与要求，也有利于问题的解决。同时，读者还可以从图书馆获取一些直接的经验和知识，例如搜集信息的方法与渠道等。其二，对一些重要问题的咨询，尤其是一些研究型的咨询，由于要进行长时间的工作才能完成，所以工作人员必须清楚用户的需求，并将已经了解的研究进展和所知道的信息资源做详细的备档；在研究报告的写作方面，也需要与读者进行面对面地沟通协商，这些过程都需要读者的参与。

缺点：受时间和地域的限制，读者必须亲自到图书馆咨询，参考咨询馆员无法为远距离读者提供服务；除此之外，对一些不擅长口头表达的读者来说，这种服务形式也会有诸多不便。

（二）电话咨询

电话咨询是一种相对来说沟通比较充分的服务方式。一般在图书馆的开放时间内，通过电话马上就能得到问题的答案。电话咨询方式可以便捷地服务于远距离用户，用户可以不必亲自到图书馆而是通过电话提出咨询问题，工作人员记录问题并进行回答。但采用这种方式的前提条件是图书馆必须设有专门的咨询处，且有供用户咨询用的电话，并有专门人员负责接听。

优点：用户能远距离提出问题，省却距离带来的不便，同时，电话交谈可以进行直接的语言交流，避免产生许多新的问题。

缺点：服务时间有限，由于咨询问题的难易程度不一样，咨询馆员对问题的解答可能会有不及时或最终解答时间不能确定等情况发生，往往会导致用户不能在某一确定时间获取答案，而要多次打电话询问。所以，这种方式对用户的事实型咨询较为方便，而对检索型和研究型咨询较为不便。

（三）信件咨询

信件咨询即函询，是指馆员和读者通过信件交流咨询信息。在电话日益普及的今天，信件咨询仍是远程咨询的一种常用方式。使用这种咨询方式的读者，一般对咨询的问题比较慎重，或认为咨询问题事关重大，或可能涉及自身利益，或认为信件咨询比电话咨询更容易说清楚。但这种咨询方式的时间周期长，既要求咨询读者能清楚地表达所要咨询的问题，也要求咨询馆员能对书面答复结果做出准确表述。否则，将会影响到咨询的效果。

二、网络参考咨询服务的主要形式

网络参考咨询服务是传统图书馆进化到第二代数字图书馆的产物，它可以跨越时间、空间的限制为读者提供咨询服务。在网络环境下的参考咨询服务方式以远程、虚拟为主要特征，形式多种多样，不拘一格。不仅体现在利用计算机查找、获取、加工处理信息上，更多地体现在用户与参考咨询馆员在网络上的交流活动，并通过网络实现信息的传递与流动以及全球信息机构的合作与互助。网络参考咨询服务作为最能体现现代图书馆信息服务特点的新型模式，目前，主要有以下几种服务形式：

（一）电子邮件及 Web 表单服务形式

电子邮件咨询是1989年美国佛罗里达州 Gainesvile 大学的 GeorgeA.Smathers 图书馆首创的服务方式，它是一种最为简单易行的数字化参考咨询服务方式，也是最早开展的一项线上咨询服务。它主要是在网站主页或某些网页上设立"参考咨询"或"询问图书馆员"超级链接，用户通过该超级链接可将咨询问题以电子邮件方式发送给相应的咨询人员，参考咨询人员再以电子邮件方式将答案发送给用户。

图书馆接受电子邮箱服务的方式有很多，可以公布在一个电子信箱地址，也可以采用专门的表格（Web表单），让读者按照表格内容来填写并说明自己要咨询的问题及相关要求，然后系统通过一定程序将表格内容转化为结构化的邮件内容。一般表格内容设计较为详细，其内容可包括：提问者姓名、单位、电子邮箱地址和所要咨询信息的类别及详细内容，以及回答提问的专家等。

电子邮件和电子邮箱咨询方式的优点是不受时间和地域的限制，简便易行，加快了文献的传递速度，特别是对于远距离咨询和需要保密的读者更加适用。其缺点是读者和咨询人员不能面对面接触，缺乏实时互动交流，难以有效分析和澄清问题，馆员不能当面了解读者对咨询服务的满意度。

（二）FAQ咨询服务形式

FAQ（Frequently Ask Question）即常见问题解答数据库，FAQ咨询服务是目前图书馆最基本的一种数字参考咨询服务方式。在网络环境下，对咨询人员收集、汇总经常遇到的、带有普遍性和典型性的问题，进行周密解答、汇集答案、分类编排，再将其设计成网页，这就是FAQ。通过FAQ服务，可以解答一般指南性问题，如图书馆开放时间、服务项目、资源特点与布局、检索方法和信息推荐等。在我国，北京大学图书馆的"常见问题"、天津大学图书馆的"图书馆常见问题与解答"、武汉大学图书馆的"问与答"都属于FAQ服务。目前，我国开展FAQ服务的图书馆的服务内容各有差异。有的图书馆开展FAQ咨询服务比较全面，如清华大学图书馆主页上的"图书馆使用100问"提供的FAQ服务，它对资料查找、数据库检索、OPAC查询及流通阅览与咨询服务中的常见问题都做出了全面而详尽的解答。而有的图书馆仅对某一特定的服务开展FAQ咨询服务，它们大多是处于开展FAQ服务初始阶段的图书馆。

用户在利用图书馆主页查询自己所需信息资料遇到问题时，可点击FAQ中的相关问题，这时FAQ就会显示与之匹配的答案，问题也就迎刃而解。FAQ若是设计得好，便可成为图书馆的使用指南，免去读者直接询问的麻烦。对于图书馆来说，FAQ服务也是一种节约时间成本和人力成本的网络咨询服务形式。

（三）电子公告板服务形式

电子公告板（Bulletin Board System，简称BBS）是一种交互性强、内容丰富而及时的因特网电子信息服务系统。用户可以通过调制调节器和电话线登录BBS站点，也可以通过因特网登录。用户在BBS站点上可以获得各种信息服务，如下载软件、发布信息、进行讨论、聊天等。

图书馆通过建立自己的BBS服务器，利用BBS向读者提供一系列服务活动，用户可以随时向参考咨询馆员提出各种问题，参考咨询馆员则定期浏览和回答用户的问题，如不能回答，可将其发往讨论组，寻求问题的解答。公告板或讨论组的形式适用于对某类具有代表性的问题或需要讨论的问题进行解答，对于一些隐秘性强的和不应公开发布的问题，则不宜采用这种咨询形式。

（四）实时交互式参考咨询服务形式

实时交互式参考咨询服务即线上实时咨询服务，这是一种较为复杂和高级的服务形式，具有一对一、交互性、实时性、灵活性的特点。所谓"实时交互式"，就是用户与图书馆参考咨询馆员可以实时进行交流，能即时显示交流的图像和文字，从而取得用户与图书馆参考咨询馆员如当面交流般的效果。

实时交互式参考咨询服务采用的主要技术有：网络聊天室、网络白板、网络视频会议、网络寻呼中心等。主要方式包括：在线交谈，主要限于用户与参考咨询馆员的在线文字交谈；网页推送，允许参考咨询馆员把一个网页推送至用户桌面，向用户提供推荐的信息资源；共同浏览，参考咨询馆员和用户一起浏览网页，由参考咨询馆员指导用户使用网络资源。目前应用最广泛的是 Chat 软件技术。一般在图书馆网站主页上有聊天咨询服务入口，读者在输入用户名和密码进行身份认证后，即可进行服务交谈。

这种方式的最大优点是即时性与交互性。用户一方只要可以上网，使用用户名与密码登录图书馆咨询服务页面，就可以提出问题，得到即时解答。对于另一方的图书馆，如果有用户登录，系统就会通知工作人员接收信息并与用户进行交谈。由于其交互性强，用户与咨询人员之间可以随时就不明确的表达予以澄清，同时，还能对信息资源的内容及使用方法加以介绍。这种咨询方式对指示性问题的解答尤其有效。

（五）合作式数字参考咨询服务形式

合作式数字参考咨询服务是由多个图书情报机构联合起来形成的一个分布式的虚拟参考咨询服务网络，是向更大范围的网络用户提供数字式参考服务的一种形式。它是在数字参考咨询服务的基础上发展起来的，它以丰富的因特网资源和图书馆馆藏资源为基础，以全球图书馆及相关机构的数字网络为依托，充分利用各图书馆的馆藏特色和人才优势，并协调服务时间，为用户提供全天候的数字参考咨询服务。当图书馆工作人员由于自身知识的局限而无法解答用户的复杂问题时，这种合作式数字参考咨询服务的作用就尤为明显。最具代表性的是美国国会图书馆与 OCLC 在 2000 年 6 月启动的"合作数字参考咨询服务（CDRS）"计划，通过世界各地图书馆的共同参与和联合开发，实现了数字资源和智能资源的共享。目前已有北美洲、欧洲、亚洲和大洋洲等洲的 100 多个不同类型的图书馆的相关组织和专家咨询网站加入了 CDRS 系统。CDRS 系统有效地实现了信息资源、人力资源、服务资源的最优化共享和利用，是未来数字图书馆咨询服务的重要模式。

在我国，部分图书馆已开始尝试走合作式数字参考咨询服务的道路，并进行了一些有益的探索。其中最具代表性的是上海图书馆推出的"线上联合知识导航站"，它由上海图书馆牵头，联合上海交通大学图书馆等十几家高校图书馆，遣派长期从事情报与咨询工作的专门人员，共同形成的分布式虚拟参考专家网络，每位专家负责若干专题，用户可在上海图书馆提供的统一界面下自行指定某位专家进行提问。在交流过程中，上海图书馆中心数据库也对提问和回答进行监控管理。这种基于合作化的参考咨询服务方式，可以说开创了国内合作式数字参考咨询服务的先河。

合作式数字参考咨询服务是图书馆资源共享理念与数字参考咨询服务工作在网络环境下的必然结合、延伸与发展。它不仅实现了资源共享，还实现了智力共享、专家共享、服务共享。从上述几种数字参考咨询服务方式可以看出，每一种服务方式都有自身的特点和优势，但同时也存在一定的局限性。因此，根据用户需求，综合运用几种服务方式将会极大地提高服务的质量和效率。

第三节 服务模式的效果评估

参考咨询服务的内容十分丰富。传统的参考咨询服务分为书目参考服务与解答咨询服务两个方面，具体包括文献调查工作、参考工作、书目工作、解答咨询工作、文献检索工作和文献提供工作。除此之外，许多研究者还把读者辅导、用户教育培训、开展专题情报研究服务、文献传递与馆际互借、参考咨询评价等也纳入参考咨询服务的范围。

现代信息技术的飞速发展，给图书馆带来了全新的网络环境。在网络环境下，参考咨询服务除了原有的咨询服务内容，如开展书目咨询、解答读者提出事实型咨询问题外，还增加了许多新的内容，包括线上图书馆介绍、图书馆知识性咨询服务、网络目录咨询服务、网络专题咨询服务、用户培训服务、提供镜像数据库服务、网络咨询协作系统建设、帮助读者选择和使用数据库、OPAC业务培训、联机实时帮助、远程检索服务、电子邮件服务、LISTSERVS服务系列（含LIBRDF-L参考馆员邮件和STUMPERS-L挑战性咨询问题邮件服务等）、网络检索工具介绍与评估、咨询数据库建设和网络信息提供服务等。网络参考咨询是以电子文献、数字化文献或网络信息为基础，以计算机检索和网络检索为方式，通过网络对本馆用户进行的各项问题解答活动。

由此可以看出，图书馆参考咨询的内容范围是在不断发展变化的，传统的参考咨询服务是以纸质文献为基础、以手工检索为方式、以本馆读者为对象而进行的各项问题解答活动；而网络环境下的参考咨询，服务内容更丰富，服务范围更广，服务层次更高。可以说，传统参考咨询是网络参考咨询的基础，而网络参考咨询是传统参考咨询的发展和延伸，两者体现了历史的延续性。目前大中型图书馆参考咨询服务的内容，主要有解答咨询服务、书目参考服务、信息检索服务、专题情报研究服务、用户教育服务和咨询接谈等。

一、解答咨询服务

解答咨询服务，即对读者提出的一般知识性问题，如有关事实、数据等，通过查阅有关的检索工具，直接回答读者；或引导读者利用某一检索工具查阅有关资料，以求得问题的解决。解答咨询服务作为参考咨询服务的最初形式，是参考咨询服务最常见的服务内容。其解答咨询的方式主要有口头回答、电话回答、电子邮件回答、表单回答等。对于一些常见问题，很多图书馆是通过设置咨询台或开展FAQ服务来解决的，这是一种非常有效的做法。

（一）解答咨询的不同类型

（1）事实型咨询。是指读者对某一具体知识的提问，包括人物、事件、中外名词、产品配方参数、材料的成分及性质和用途、电子元器件的技术性能参数，以及引进设备或产品的生产厂家、型号、性能和价格等，一般都可从相关的工具书中获得直接、可靠的答案。

（2）专题型咨询。当读者提出需要有关某一人物或某一专题的各方面的图书资料时，则需要查找中外图书、报刊、论文、小册子等。

（3）导向型咨询。主要是指导读者查找和积累一些与专题有关的图书资料而进行的咨询。在此类咨询中，读者提问的重点不是具体的文献或文献内容，而是检索方法，咨询人员这时的作用是进行检索辅导。

以上三种咨询问题的解答分三个层次，口头咨询是参考咨询最基本的方式，读者可与参考咨询员直接接触进行交流，是第一层次；第二层次的解答为一种书目咨询，是较深层次的咨询；第三层次是一种情报检索服务。

（二）解答咨询的主要范围

从读者咨询问题的内容来看，解答咨询的范围大体为：介绍馆藏资源；介绍图书馆的各种服务；介绍图书馆的各项规章制度、读者行为规范及馆舍布局，提供文献资源利用指南；提供常见问题解答服务、在线辅导文献信息查询服务等。对咨询问题回答得好坏，不仅与参考咨询人员的能力有关，还与图书馆文献资源的收藏情况有关。有时用户需求的文献比较精深，需要提供情报研究服务，则负责参考咨询的馆员须对情报的隐性信息进行开发与组织，写出有决策意义的分析报告。特别值得注意的是，有些问题是不属于参考咨询范围的。例如，中国台湾"中央图书馆"的《参考服务准则》规定了参考室的工作职责，即参考服务

工作的第一任务是咨询解答，同时还规定除参考室执行一般参考服务工作外，各分科阅览室（学位论文室、期刊室、善本书室、法律室、政府出版物阅览室、日韩文室、缩影资料室、视听室、汉学资料室等）也可提供参考咨询服务，该馆规定诸如学生作业、考试、有奖征答、猜谜、法律诉讼与鉴定古董、美术品、翻译书信或文件等不在服务范围内。

二、书目参考服务

书目参考是对读者提出的一些研究性问题，如专题性、专门性研究课题等，通过提供各种形式的专题文摘、目录、索引，供读者查阅所需文献资料，以解决有关课题的咨询。由于它不直接提供具体答案，只提供资料线索供解决有关问题时参考，所以被称为"书目参考"或"专题咨询"。对于一些未经提问或常设的课题，不少图书馆通过编制专题目录、索引与文摘，主动提供文献信息，开展书目情报服务，这是传统参考咨询服务的一项重要内容。而网络参考咨询服务中的学科导航、本馆资源导航及书目数据库建设，则是网络环境下的书目参考服务。书目参考工作的立足点是文献信息加工。选题应以客观需要为依据，在选择材料时，要求对某一特定范围内所必需的文献，做到尽可能全面地系统收录。在实际工作中应注意考虑以下几点：①根据书目建设的长期性需要和任务来确定选题；②根据参考咨询部门带有普遍性的咨询问题及检索工具的配备情况来确定选题；③根据当前重要科研课题来确定选题；④根据当前的中心工作确定选题。

（一）网络资源学科导航数据库

所谓网络资源学科导航数据库，是指按学科门类将分散在互联网上的学术资源集中在一起，以实现网络资源的规范搜集、分类、组织和序化整理，并能对导航信息进行多途径内容揭示，方便网络用户按学科查找相关学术资源的系统工具。

1.选择信息资源

网络资源学科导航数据库与其他网上导航工具相比，具有专业性、易用性、准确性、时效性和经济性的优点。在网络学术资源的选取上，应注重以下四个方面：

（1）重视内容准确性，强调学术价值。用户查找使用信息主要是为满足科研活动的需要，一般而言，他们对信息质量的要求较高。因而应当选取某学科范围内有学术价值的、有一定深度的、能反映本学科前沿发展水平和发展动态的线上学术资源。学科的内容范围和准确性应是首先要考虑的重要指标。

（2）重视信息制作发布者的可信度。选择印刷版图书时，著者、出版社是一个重要的参考因素；选择期刊时，应首选核心期刊；线上信息的制作发布者也是一个重要的考虑因素。权威信息中心或情报机构、本学科学术刊物的出版单位、各种社会组织制作发布的信息都是学术性信息的主要来源。

（3）重视信息的稳定性。网络信息资源是动态变化的，而网站、网页形式相对稳定，有利于用户使用。印刷型文献的数字化、网络期刊、联机数据库、图书馆OPAC目录等都是比较稳定、准确可靠、方便存取的信息资源。

（4）利用方便性程度。科研任务的前沿性要求科研人员必须以数量极大的最新专业文献做科研支撑，因此，网站能否方便使用，是否符合专业人员查找相关文献的习惯，是否允许多种访问工具在较短的时间内进入并搜索到所需的最新资料等，是应考虑的因素。

2.获取信息资源的途径

在网络环境下，利用正确的途径和手段获取线上学科资源是建学科导航库的关键。目前，获取信息资源的途径主要有以下几种：

（1）权威网站。专业领域的权威网站都设有"网络导航"之类的栏目，提供相关专业网站的热点链接，个别网站还提供对某些专业站点的评述，因此可作为获取信息的重要渠道。

（2）搜索引擎。利用搜索引擎，将其作为收集相关信息的工具。一是利用搜索引擎的分类体系集中查找某一学科的信息资源；二是利用搜索引擎提供的"关键词"检索等一些在分类体系中难以体现出来的较为专业的学术信息。

（3）网址类检索工具书。目前，大量涌现的导航类网站也是获取学科信息的有效途径之一，此类网站一般分为通用网站导航和专业网站导航两类，例如，好123网址之家、建筑网址大全等。

（4）专业性期刊与学科主题指南。许多专业刊物都提供了本专业领域主要网站的地址信息，专业协会的一些通信杂志也是引导专业信息搜集的路径，其印刷本、网络版上都有本协会网站的介绍。

（5）利用开放获取的信息资源。开放获取被视为未来学术出版的模式，是促进科研信息交流、沟通学界与大众的有效途径，它是指把同行评议过的科学论文或学术文献放到互联网上，使用户可以免费获得，而不需考虑版权或注册的限制。如美国Uncover公司的17000种期刊论文目次可提供线上免费检索服务，其中约三分之一附有论文摘要，并且有些电子期刊和工程技术文献可免费使用；美国IBM公司主页中收集了自1971年以来的全部美国专利文献，也可免费下载。这些免费、便捷的共享网络信息资源，是图书馆配置信息资源的首选对象，应当加以充分利用。

（6）利用学科主题指南查找。学科主题指南一般是由学会、大学、研究所或图书馆等学术团体或机构编制的网络学科资源导航目录，一般由专业人士进行组织和加工，所含的信息切合主题，实用价值较高。最常见的学科主题指南有the Argus Clearing House、BublLink、WWW虚拟图书馆等。如BublLink中的所有资源都是经过精心选择的，并有网站描述；WWW虚拟图书馆提供各学科的网络资源导航，是一个按学科主题进行分类的信息资源库，内容十分广泛。

（7）利用其他相关专业图书馆的导航资源。国内一些图书馆在学科导航建设上积累了丰富的专业资源，如北京大学图书馆、清华大学图书馆等在重点学科导航库建设上卓有成效，通过它们可获得很多专业网址，能查找到很多相关专业信息。

（二）书目数据库

书目数据库（Online Public Access CataloguSystem，缩写为OPAC），即公共联机书目查询系统，是一种提供存储和检索书目信息的文献数据库。书目数据库通常都是图书馆目录计算机化的产物，故又称"机读目录"。书目数据库的常用检索工具有分类表（分类法）、主题词表、关键词、索取号等，主要用来报道馆藏各种文献的书目信息和存储地址，可以体现一个图书馆的馆藏资源情况，方便人们查找资料。

1.书目数据库的特征表现

书目数据库通常有馆藏书目数据库和非馆藏书目数据库两大类。其特征表现为：

（1）数字资源丰富。目前，大多数图书馆的书目数据库资源收藏范围在不断扩大，数字资源日益丰富，不仅能提供文献型书目信息，还能提供数字化馆藏信息；不仅收录馆藏中外图书信息，而且收录中外期刊，同时还增加了电子出版物光盘、VCD、DVD等音视频多媒体信息。在一些高校的书目数据库系统中，还收录了学位论文、教学参考书等资源。近年来，一些图书馆开始对书目数据库资源进行纵向整合，即以书目数据库为核心，向全文、目次、文摘、书评、音频和视频等多媒体信息资源扩展，构建整体的、立体化的、全方位的书目数据库资源体系。在书目数据库系统中，不仅能检索到书目信息，而且能阅读到全文文献，浏览其文摘、书评及与之相关的音频、视频等资料。用户通过书目数据库系统，可以获得满足自己多种需求的各类资源。

（2）检索方式灵活。大部分的书目数据库系统都有较强的检索功能，提供关键词检索、词组短语检索、复合检索等多种检索方式，并提供逻辑组配检索和匹配方式选择，以提高检索效率。同时具有多种显示、输出功能和查询结果排序功能。针对布尔逻辑匹配标准僵化、相关程度难以描述、无法满足检索需求等弊端，一些书目数据库系统采用词频加权等模式以弥补布尔逻辑的不足，并引入多种智能化检索机制，使用户能够方便、快捷地查询到所需资源。

（3）用户界面友好。书目数据库系统界面友好，简单方便，易于使用，多数书目数据库系统都提供对检索系统的概要介绍和检索方法的说明，例如使用简捷的文本框选择、提供检索历史记录等都减轻用户查询的负担。随着信息技术水平的不断提高，书目数据库用户界面也在朝着规范、简洁、生动、拟人化方向发展，多种人机交互方式以及多语言设置界面、触摸屏用户界面、语言用户界面等，也将为书目数据库系统所采用。

（4）服务方式多样。书目数据库系统具有多种服务功能。如提供帮助和纠错功能，用户可以通过提示帮助，直接获得有关的操作提示、出错提示、上下文相关帮助等信息，从而快速掌握一般检索方法；提供信息查询服务，可随时进行用户信息查询、图书续借与预约、更改密码、请求和提问。一些书目数据库系统可以还顺应资源共享的发展趋势，提供与馆际互借系统的链接，当用户所需信息本地书目数据库系统未收藏时，可直接在线上申请馆际互借服务。

2.各书目数据库的检索方式

各书目数据库系统的检索方式，大体上分为简单检索、高级检索和限制检索三种。

（1）简单检索。即使用一种字段进行检索。不同书目数据库系统提供的字段不完全相同，但基本包括题名、责任者、主题、关键词、分类号、书号、出版年、出版者等。多数书目数据库使用下拉菜单的方式，用户可以从下拉菜单中选择检索字段，输入检索词即可进行检索。命中记录中包含所输入的检索词或检索词中的一个单元，但各单元不一定相邻，也不一定在同一子字段中。关键词检索对检索词的规范要求不高，为提高检索的准确性，有的书目数据库检索系统还提供了检索词的不同匹配模式，如前方一致、后方一致、包含、精确匹配、模糊匹配等。

（2）高级检索。也称"匹配检索"，即提供布尔逻辑组合等复杂检索功能，可以实现相同或不同字段间的组配检索。题名、主题、责任者、出版者是多数书目数据库系统提供的组配字段，有的书目数据库系统则提供系统全部字段的组合。提供的基本逻辑算符包括"与（AND）""或（OR）""非（NOT）""异或（XOR）"。

（3）限制检索。由于书目数据库系统资源类型复杂，语种较多，为了提高检准率，需要对检索范围进行限制。书目数据库系统设置了不同的检索限制方式，主要包括作品语种、出版年、文献类型和馆藏地等几种方式。为了调整检索范围，一些书目数据库系统在简单检索和高级检索方式中还提供了"二次检索"功能，即在前次检索结果范围内，通过追加限定条件，进一步缩小检索结果的范围。通常情况下，用户在图书馆主页上，可以利用馆藏书刊目录查询中文期刊分类目录、外文期刊分类目录、新版古籍丛书书目数据库、CALIS联合公共目录、全国期刊联合目录、图书馆主页的网络导航栏目的网上图书馆信息。还可以利用国内外很多图书馆的书目数据库进行查询，如清华大学图书馆书目数据库、北京大学图书馆书目数据库、国家图书馆书目数据库、中科院文献情报中心书目数据库等。

值得注意的是，书目数据库建设是一项耗费人力、物力、时间的复杂而细致的工作，特别是在图书馆自动化建设初期，创建回溯数据库要将十几万乃至几百万馆藏文献转化为书目数据，要投入大量的人力和时间。对于一般的图书馆来说，不必自己创建书目数据库，而可以利用他馆已有的书目数据库，通过有偿购买等方式转化为本馆的书目记录，建设本馆馆藏书目数据库。新书的编目可以利用编目中心发行的机读书目数据转换或自行编目。

三、信息检索服务

信息检索是指将信息按一定方式组织和存储起来，并按需检索出有关信息的过程。信息检索按手段可分为手工检索和计算机检索，按检索对象可分为文献检索、数据检索和网上信息检索等，按服务项目可分为一般课题检索、定题服务检索、查新服务检索等，按课题性质可分为事实型检索、专题型检索、导向型检索、综合型检索等。传统的信息检索是以文献检索为主要方式，现代的信息检索则是以数据库检索和网上信息检索为主要方式。网络导航、学科导航、本馆资源导航、学科信息门户和特色库的建设与利用，是新时期信息检索的重要工作内容和信息检索资源。

信息检索是情报工作的一项重要内容。随着现代信息技术的飞速发展，信息检索已经发展成为计算机信息处理的分支学科。信息检索的实质就是将用户的提问特征与数据源进行对比，然后将二者相一致或比较一致的情报提取出来供用户使用的过程。

（一）信息检索服务的主要内容

1.回溯检索服务

回溯检索服务是指不仅要查找最新资料，而且要回溯查找过去年代的资料，即查遍几年、几十年来的所有资料。回溯检索服务特别适合于申请专利时为其证实新颖性而进行的检索，也适合于撰写评论文章或教材，以及从事新课题研究而需要全面系统掌握有关文献而进行的检查。

2.定题检索（SDI）服务

定题检索服务是针对用户需求，定期地提供各种最新信息，让用户及时掌握自己需要的信息的服务，也称"对口服务""跟踪服务"。这是一种持续不断的服务，所提供的资料都是当前最新发表的文献资料，以便于用户跟上学科的发展步伐、了解学科发展水平和动向。

3.全文检索服务

根据用户的需求，利用全文数据库提供的检索功能，查找并直接把文献原文提供给用户。

4.数值型或事实型数据检索服务

根据用户要求，查找科学数据和事实，如各种物理常数、物质特性或参数、化学分子式、物理常数、市场行情、电话号码等，这些数据是能够直接使用的信息。

5.网络信息检索

随着互联网的普及与发展，网络资源以其独特的丰富性与无限性逐步成为图书馆的重要资源，开发网络资源已成为图书馆信息服务的主要任务，线上检索服务将成为一种更具发展前景的服务方式。网络信息检索必须使用互联网提供的信息检索工具，网络信息检索工具主要有三类：

（1）交互式信息服务。这是一种既具有用户友好界面又具有交互式浏览功能的检索工具，主要有 Gopher 和 WWW 两种著名的网络检索工具。

（2）名录服务。这是向用户提供查找互联网用户信息的服务（即所谓"白页服务"），或者提供查找互联网上各种服务系统及其提供者的信息的服务（即所谓"黄页服务"）。通过"白页服务"，用户可查找某个人或某个机构的电子信箱地址；通过"黄页服务"，用户则可以查找到某个图书馆的联机查目系统的IP地址或者某个FTP服务器的IP地址。目前在互联网上运行的常用的名录服务型信息的检索工具有三种，包括：WHOIS，NETFIND及X.500。

（3）索引服务。这是通过查找索引目录向用户提供文件检索的服务，检索对象可以是分别存储在互联网上的不同网站（或主页）上的各类文件。其检索结果可以是文件的存储地址（主机地址、查找路径和文件大小），也可以进一步通过检索工具直接获得。

（二）信息检索工具的综合应用

（1）书本式检索工具与期刊式检索工具相结合。书本式检索工具具有方便查阅的优点，但有时又受出版时间的限制，不能反映最新的资料。期刊式检索工具能反映最新的资料，但因篇幅有限，又不能全面反映资料的历史内容。所以，如果将书本式检索工具与期刊式检索工具结合使用，就可以获得更加全面的信息。

如在专题书目、索引等出版后，利用期刊式检索工具补充有关资料，便可获得过去和现在的全部内容。

（2）专业性检索工具与综合性检索工具相结合。查找学科方面的专题资料时，应考虑选择专业性检索工具，因为专业性检索工具收录的学科范围比较窄，通常是某一学科或某一专业领域的内容，如《生物学文摘》《中国生物学文摘》等。这些专业性检索工具，能节省时间和精力，方便科研人员检索。同时，也要注意使用综合性检索工具。因为综合性检索工具收录的学科或专业范围比较广，所涉及的文献类型和语种也比较多，对查检分散在不同类目中的一些跨学科文献十分有益。因此，也要注意利用综合性检索工具。在检索中要注意将专题书目与综合性书目、专题索引与综合性索引、专业数据库与综合性数据库等配合起来使用。

（3）印刷型检索工具与网络型检索工具相结合。印刷型检索工具使用时无需借助其他设备，具有使用方便、可靠性强的优点，但存在内容更新慢的缺点。网络型检索工具更新速度快，可以通过不同的途径进行检索，在一定程度上弥补了印刷型检索工具的缺陷。由于目前不可能将所有的检索工具都传输到互联网上，且数据库一般回溯时间短，因此，要注意将两者结合利用。

（4）中文检索工具与外文检索工具相结合。中文检索工具只反映国内的研究成果，而要获得世界上某一专题的最新资料、了解国外的研究动态和发展趋势，还需要使用外文检索工具，以便对国内外的研究动态都有充分的了解，继而才有可能写出具有较高学术质量的论文。如对书目的查找，除了要查找国内的《全国总书目》《中国国家书目》外，还要查找美国的BIP、英国的BNP等书目，这样才能掌握世界范围内的科研动态信息。

（三）检索资源入口的选择

各种搜索引擎和数据库各有优势，所以选择合适的检索资源入口，对于检索能否顺利进行和检索到的内容是否准确的影响很大。如查找国内专利资料，可直接进入国家知识产权局网页。熟悉各种特色数据库的使用，会给信息查找带来很大的方便。

在文献传递服务中要根据申请文献的学科类目选择文献源。例如，某馆在文献传递服务初期，通常是通过CALIS馆际互借系统为用户传递文献，但常常遇到的问题是：有的文献申请（尤其是工科的文献）响应时间比较长，有时甚至2—3个星期还没有回复，读者等得很着急，参考咨询人员也很着急。此时若改用清华大学馆际互借系统传递文献，文献申请发出一个小时后就会收到回复，速度非常快。由此可以得出结论，如果读者发来了申请单，首先要看其申请文献属于哪类学科，如果是工科的，那么通过清华大学馆际互借系统传递会比较快，因为其工科文献比较全面，清华大学图书馆订购了包括Elsevier等国外大型出版集团的数据库。如果申请的文献是文科的，则可通过北京大学图书馆进行传递。因此，在服务中应注意要根据文献的学科类别选择传递来源，这样可以争取以最快的速度把文献传递给读者。

由此可见，为提高线上参考服务的质量，做到快捷、准确、全面地为读者提供参考资料，选择恰当的资源入口非常重要。

四、情报研究服务

情报研究服务是图书馆对文献信息进行分析与综合的一种服务，是通过对某一时期或某一领域的文献信息进行分析与归纳，以研究报告的形式提供给用户的服务。其功能在于通过对大量文献进行分析研究和综合，为读者提供浓缩的、系统化的情报资料，为预测研究和决策研究提供参考。

情报研究服务主要有定题服务、专题剪报服务、专题数据库建设等多种形式。

（一）定题服务

定题服务是图书馆情报部门根据用户研究课题所需、选择重点研究课题或关键问题为目标，确定服务主题，通过对情报（信息）的收集、筛选、整理，以定期或不定期的方式提供给用户，直到读者完成课题的一种连续性文献信息服务。定题服务具有主动性、针对性和连续性的特点。

图书馆在开展定题服务中应遵循以下原则：

1.遵循主动性原则

即必须了解国内外科技发展战略和研究开发的动态与趋势，从文献研究的角度了解国际科技的发展热点、态势和科研进展情况，主动搜集有关文献并积累相关知识，选择具有前瞻性、针对性、与国际接轨的服务课题，主动出击，寻找信息需求用户，努力将潜在用户转化为现实用户。

2.遵循用户原则

用户原则是指针对不同的对象，在充分了解用户信息需求的基础上，为其提供满意的服务。但在实际工作中，用户往往只在时间、空间和内容上提出一个笼统的信息要求，对深层次的信息需求缺乏充分的表达和设想。因此，只有与用户进行反复交流，才有可能提供令用户满意的服务。在实际操作中，馆员在使用检索系统与用户进行交流时，不但要理解用户表达出的显性信息需求，而且要为用户提供有参考价值的检索方案，使用户获得更有价值的信息。

3.遵循信息搜集原则

（1）准确性。搜集准确的信息是提供定题服务的关键。当代科学技术的高速发展导致科学研究一方面越来越专业化，另一方面学科之间相互渗透交叉，这种跨学科的发展趋势，势必会引起科研人员和管理人员知识结构的改变，使之对相关学科信息产生需求，进而扩大所需信息的学科范围。在信息搜集过程中，既要从整体上把握学科发展脉络，又要密切注意其新兴分支领域的发展动向，以保证信息搜集的准确性和超前性。

（2）及时性。定题服务的一个重要目的就是能够快速地为用户提供最新、最准确的信息服务，这就要求数字图书馆系统能够及时搜集到以各种形式存在的最新信息。

（3）全面性。在信息搜集过程中，不仅要搜集本馆所藏的信息资源，还要检索各种网络数据库，或通过资源共享检索其他图书馆中的信息资源，因为丰富的资源是开展定题服务的基础。

（二）专题剪报服务

剪报是图书馆传统的服务项目之一。剪报能把散见于上千种报纸上的信息分类选辑浓缩，集中于一处，然后专业对口地向社会发布。经过加工的剪报是综合性、专题性都很强的信息源，能够不同程度地满足各个领域的人们对不同信息的需求。最早的剪报工作是图书馆工作人员从各种报刊上选取有关资料后，直接剪贴在白纸上，然后加以公布或进行印刷。读者通常要到图书馆的公告栏处才能看到剪报，此外印刷质量粗劣，读者阅读起来也不方便，而且这种形式的剪报篇幅有限、信息量小，图书馆工作人员在粘贴上花费的时间较多，工作效率低下。网络时代的到来给我国图书馆的剪报服务带来了生机，一些图书馆开始借助计算机或扫描仪，为读者提供电子剪报服务。目前，电子剪报主要有三种形式：一是HTML形式，这是一种网页形式；二是PDF形式，这是一种图像形式；三是全文数据库形式。一般而言，各个图书馆都是根据本馆的馆藏资源特点和用户群体的需求来选择剪报主题和内容。

五、用户教育服务

图书馆作为重要的文化科学教育机构，是社会公众进行终身学习和教育的重要场所。这种教育是通过社会公众阅读的方式来传递科学文化知识的社会活动，是社会公众自由地利用图书馆进行学习知识和更新知识的活动，是任何学校教育都无法比拟的。随着时代的发展，图书馆开始大量应用计算机技术、网络技术，使读者使用图书馆的难度加大。与此同时，网络信息的利用对读者素质也提出了更高的要求，没有较高的文化水平，不熟悉网络图书馆的内部结构，不具备一些基本的计算机知识和文献信息检索方法的读者是无法从网上获取信息的。因此，在传统图书馆向数字图书馆转化的过程中，大力开展用户教育、培养用户综合利用信息的能力尤为重要。

（一）用户教育的内容

用户教育主要是指图书馆情报部门为读者熟悉与利用图书馆、向读者普及信息检索知识等提供的辅导和培训活动。其目的是培养读者的信息意识和获取信息的能力，使他们能够独立、及时、准确地查找到所需要的文献信息。用户教育的内容主要包括：

1.如何有效地利用图书馆

主要是通过图书馆基本知识的教育，使读者了解图书馆，了解图书馆文献的布局、规章制度，了解图书馆的服务内容与形式，了解图书馆的业务流程。具体包括三部分内容：

（1）图书馆概况的介绍。如图书馆的历史与现状、图书馆的开馆时间、图书馆馆内布局、图书馆的各种规章制度、图书馆各部门的业务范围和流程等。

（2）介绍图书馆馆藏信息资源及其使用方法等。

（3）介绍图书馆服务的内容与形式。

其目的是让用户对图书馆有一个基本认识，能够有效利用图书馆。

2.计算机基础知识的培训

现代信息技术的飞速发展，给图书馆带来了全新的网络环境。在网络环境下，图书馆的服务内容与服务方式发生了深刻变化。网络改变了人们的生活和信息存取的方式。网络信息的使用要求用户掌握一定的计算机基础知识。因此，必须加强对用户的计算机基础知识和技能训练，以提高用户获取所需信息的能力。例如，上海交通大学图书馆针对初学者制定出每周三下午以三个小时为一期的用户教育课，以基础理论为主，从最简单的计算机桌面讲起，介绍多媒体光盘、网络服务基本知识，以及如何使用WWW、如何使用Homepage、如何使用搜索引擎、如何收发E-mail、如何使用FTP等，这些对指导初涉网络者学习检索方法起到了很好的作用。

3.网络基础知识的培训

网络环境将一个分布式的信息交流体系、广袤的信息资源和众多的技术手段灵活地带到了用户的面前，光盘版、网络版等多种载体、格式的信息数据库等资源在网上频繁出现，增加了用户获取信息的难度。这就要求读者掌握检索和使用各学科网络信息资源的能力，要求读者熟悉常用的搜索引擎、检索网站、网址等内容，以在使用网络资源过程中达到事半功倍的效果。因此，一般的互联网基础知识也是需要传授给读者的。例如，某图书馆参考咨询部制订了用户专题教育计划，定期或不定期地推出各种系列、专题的用户培训。由图书馆咨询馆员主讲，或邀请国内外专家演习示范，短则一小时，长则一两天，及时把各种新出现的文献数据库、检索系统，以及最新的检索手段等准确地传授给用户，受到了图书馆读者的广泛好评。

4.介绍查找信息资源的途径

数字图书馆的发展，扩展了图书馆的职能。尽管如此，为读者提供文献信息仍然是图书馆的核心职能。网络环境下的图书馆的数字文献信息来源广、出版商众多，图书馆拥有的数字信息资源更加丰富，检索途径也越来越多，当用户检索一个专题的信息时，可能会碰到几种检索软件或几个数据库。因此，也要对用户进行相关检索基础知识和使用技巧的培训，使他们能根据自己的需求迅速获得自己所需要的信息。这是图书馆发挥教育职能的重要内容之一，也是图书馆工作人员应尽的义务和责任。

（二）开展用户教育的形式

图书馆开展用户教育的形式是多种多样的，主要形式如下：

1.当面辅导培训

这是指图书馆工作人员在接受用户提出的询问时，结合当时情况，当面给用户讲解有关的知识和使用方法及技巧，让用户在得到服务和信息的同时也掌握一定的使用方法。这种结合实际的用户培训方法简单易行，且行之有效。它既不需要专门的培训组织，又不需要很多的培训人员和设施；它既可以单独辅导，又可以集体辅导；它既是对当前情况的辅导，解决当前问题，又是对将来的指导，可让用户避免将来遇到同样的问题。当然，这种方法对图书馆工作人员的责任心、业务素质、职业道德等方面有很高的要求。

2.书面辅导培训

这种方法是指有关部门把事先准备好的书面材料（教材、使用说明、服务简章、用户手册或其他辅助材料）分发给用户，用户通过自学得以对图书馆进行全面了解。这种方法对有一定自学能力、具有一定的信息活动体验的现实用户是有效的。

3.办班集中培训

这是根据用户的不同类型，分别举办专门的短期学习班、讲习班、研讨班、训练班、强化班等各种形式的培训班，让用户在短时间内掌握图书馆的使用方法，从而提高使用图书馆的效率的形式。这是用户培训活动中常常使用的方法，这种方法的主要优点是能够在短期内有效地培训更多的用户。

4.用户交流培训

与前几种方法不同，这种方法的培训者和培训对象都是用户，即通过用户间的交流，相互学习、相互帮助，达到对数字图书馆的全面认识。像组织用户经验交流会和报告会、用户联谊会、有奖竞赛等，都可以成为用户交流培训的具体形式。这种方法的优点是培训形式灵活多样，往往会收到意想不到的效果。

5.举办专题讲座培训

举办专题讲座的目的是将图书馆的馆藏资源信息通过详细地讲解展示给读者，讲座的内容丰富而灵活，读者可根据不同学习阶段的需求，不同程度地接受信息素质教育，以弥补教学计划的不足。专题讲座的老师可以由本馆馆员担任，也可以邀请知名数据库、数字图书馆的工作人员担任，比如，让万方数据库、超星发现系统、中国知网等数据库的工作人员来图书馆开设专题讲座，由于内容专业具体，因此会受到用户的欢迎。高校图书馆的讲座内容应当围绕馆藏资源与服务指南、电子资源的检索与利用、常用软件使用方法等内容展开。北京大学图书馆举办的一小时专题讲座则颇具特色。该馆最初以电子资源的检索与利用为主，开设15个专题讲座，后来又增加了"工具书系列"和"常见应用软件使用"专题讲座内容，从而提高了用户使用资源的准确率和效率。

6.参观培训法

参观培训法是指有关机构根据用户培训的教学要求组织用户到图书馆的现场，观摩图书馆内部结构和运行机制，以获取相关知识的一种方法。该方法的优点在于：首先，能提高知识信息的传递速度。多项研究表明，看与听相比，通常可多记住一倍以上的内容。在视觉信息传递中，看实物比看图像要快3~4倍。通过实地参观，能获得正确、鲜明、切实的感性知识。其次，用户可以了解到最新的进展情况。现场观摩比使用教材更能够紧跟图书馆发展动态，它可以避免教材的滞后性。

7.在线教育培训法

随着网络技术的广泛应用，使用网络进行用户教育成为可能。在线教育内容包括传授文献信息知识、提供虚拟检索、设立帮助系统和疑难解答。同时具有线上交流及查询功能，用户通过在线自学，就可实现对信息的方便查询。

总之，随着网络图书馆构建的日渐完善，一个开放的、动态的学习环境正在形成，它为图书馆开展用户教育提供了广阔的施展空间，图书馆在延续其传统的教育方式和使命之外，更应该利用这一机遇积极地营造新的教育环境，对用户进行信息素质和技能方面的培训教育，让他们知道信息是如何组织的、如何寻找信息以及如何利用信息，为终身学习做好准备。这正是信息时代赋予图书馆的使命职责。

六、咨询接谈

咨询接谈就是图书馆馆员在向用户提供信息服务的过程中，通过语言的、非语言的交流发现和确定用户想要什么帮助、用户真正的咨询问题是什么、用户需要什么样的信息等的过程。咨询接谈是信息咨询服务中的关键环节，其基本目的就是要弄清楚用户真正的信息需求，帮助用户明确其咨询问题，以更好地开展图书馆信息服务。

（一）开展咨询接谈的重要性与必要性

在信息咨询工作中，用户有时候并不能清楚地表达他们真正的信息需求，对图书馆的误解也会导致他们不能充分表述想咨询的问题。一般情况下，如果图书馆馆员只是按照用户所问的问题做简单的回答而没有深入钻研下去的话，可能会满足不了用户真正的信息需要。因此做好咨询接谈是非常重要且必要的。

1.用户的初次提问有时并非真正的咨询问题

用户的第一个问题往往只是打开交谈的一个方式，只是想向馆员问好，让馆员知道他们需要帮助，并且根据被咨询馆员的反应来判断他是否是一个易接近的、可以提供帮助的人。用户的第一个问题常常是"您能帮助我吗""能问您一个问题吗"等一些并不具有实际咨询意义的问题，这时候用户其实只是想以此引起工作人员的注意。当然有时候用户的第一个问题听起来像是真正的提问，但深入交流下去之后，往往发现用户要问的并不是当初的问题。因此在咨询接谈开始时，被咨询的馆员应有意识地以一种谦逊而令人愉快的态度，让用户感觉到工作人员真的是在听他们说话和表述信息需求，并且乐于帮助他们。

2.用户有时很难用一种咨询馆员所习惯的表达方式提问

有的用户很可能不明白图书馆的工作是如何组织的，也不明白各类信息资源是如何排列的，因此会常常问一些一般性或涉及面很广的问题，而他们实际所需要的只是其中的某一部分，导致馆员很难准确地解答；另外，有些用户会按自己的思维去设想图书馆的组织原理，比如他们会认为关于一个主题的所有信息资源会集中在同一个地方，而实际上却不是这样的，尤其在信息载体不断推陈出新、学科高度分化、交叉学科不断出现的今天，更是如此。比如关于某省、某市的信息可能分布在年鉴、百科全书里，或在旅游书籍、地理类图书中，也可能在历史著作中。因此为了更好地解答用户的提问，图书馆馆员需要了解更多的信息，这就要求通过双方深入细致的交流来明确用户的信息需求。

3.特殊的用户有特殊的信息需求

图书馆应尽力为每一位用户提供个性化、人性化的服务。通过咨询接谈了解不同用户的特殊需要，而不能用统一的模式去解答不同类型的咨询。比如有些用户可能只有有限的教育背景，或有语言障碍、或有其他某种缺陷使他们很难清晰地表达其咨询的问题。比如对于少儿读者而言，他们也有真正的信息需求，只是常常不知道如何表述，因此必须通过交流来了解他们的真正需求。因此，图书馆馆员应尽力帮助每位用户，并且要特别注意咨询接谈的方式与技巧。

4.用户的期望有时会过高或过低

有些用户在到图书馆进行咨询的时候常常会遭遇失败，因为他不明白在图书馆能获得哪些服务，或者担心提问出的题会让他们丢面子。因此，用户对图书馆的期望有时低到令人尴尬的程度，也许根本就不会提问，总是设法自己解决；还有一些用户的期望值很高，高得不切实际，他们会以为被咨询的馆员是快速而准确地回答任何问题的，而且任何问题都能方便而快速地通过数据库、搜索引擎或其他网络检索工具等获得答案。这些情况也需要通过咨询接谈来加以协调，将用户的信息需求和心理期望定位在一个合适的位置，以便能获得满意的服务。

5.用户有时会出现无知或担心

在某些情况下，用户其实不知道他们想要什么或需要什么，只知道图书馆是一个能够提供信息和帮助的地方，因此只会带着一个模糊的目标来图书馆，问的问题也常常不着边际。在这种情况下，咨询接谈就显得尤为重要，因为不通过交谈而只按照用户的模糊提问来解答，这样提供的信息很可能会和用户真正的需求大相径庭甚至背道而驰。还有一些用户知道他们想要什么，但却因为种种顾虑或原因不想直接问这个主题，而用一般性的问题或其他提问方式来掩饰真正的问题。因为他们对要问的问题有一些担心，特别是当这个问题有争议或是比较敏感之时。因此不能只按用户的初次提问来解答，否则很可能会和用户真正的需求相去甚远。

6.咨询结束时同样需要咨询接谈

在帮助了用户之后，虽然被咨询的馆员可能感觉自己已经完成了咨询问题，但向用户再核对一遍是必不可少的，别忘了再问用户一声："这些足够解答您的问题吗？""这些就是您想要的吗？"因为有时就会发现馆员所提供的信息并不能解决问题；或所提供的信息能解答他们的问题，但他们真正想要的却不是这样的；或能解答，但又会引出新的问题。特别是如果答案是从另一个图书馆或上级馆获取的话，那咨询结束时的接谈工作就显得尤为重要。

（二）通过咨询接谈明确用户的信息需求

用户来到图书馆，是为了寻找所需信息，在这之前，他们一定已对某项工程、某些工作或要问的问题有了一连串的思路。但在信息咨询的过程中，当被咨询的馆员的解释或所提供的答案不能满足其需要的时候，用户往往会修改他们的问题，被咨询的馆员会发现最后回答的问题常常不是用户的首次提问。因此在提供帮助之前，被咨询的馆员必须要通过参考接谈获取尽量多的信息，以便弄清楚用户到底需要什么。对于用户来说，他们需要图书馆的帮助，但常常又不能清楚明确地表达出他们真正的需求，这也许是图书馆馆员最难做的工作之一，同时也是最重要的工作之一。那么用户真正要问的问题是什么呢？在咨询接谈中应注意获取以下信息以便明确用户真正的信息需求。

1.咨询什么问题

用户常常会问一些很宽泛的问题，因此需要在接谈中逐渐缩小问题的范围。比如说他们要有关动物的图书，这就需要明确，他们需要有关动物哪方面的信息，是想了解动物的种类分布情况还是想知道动物的生活习性。尽量问一些容易引起讨论的问题，这些问题不是用"是"或"否"就能回答的，而是要能引起双方的交流和讨论，其目的就是要用户用他们自己的话来逐渐明确地表达他们的问题，直到双方最后达成对问题的统一认识。

2.用户为什么需要该信息

问清楚用户的咨询目的以及如何使用所提供的信息也很重要，因为这关系到向用户提供什么类型及什么层次的信息，从而为用户提供有针对性的主动服务。比如解答关于某一主题的咨询问题时，就需要被咨询的馆员要事先弄清楚用户需要该信息是为了写论文还是旅游，而为写论文和为旅游所准备的信息是完全不同的。

3.用户是做什么工作的

通过了解此情况可以确定向用户提供什么水平或层次的信息，比如为一名资深医生提供的信息的深度显然要高于为一名医学本科生做作业所提供的信息深度。不过需要注意的是千万不要凭自己的印象去判断用户的身份。举例来说，一个妇女需要汽车维修方面的信息，但你不能主观地断定她需要的只是一些非常简单的知识，因为她也许是这方面的专家。

4.用户所需信息的类型和数量

对特定用户来说，特定类型的信息才会有用。或许需要的是某个语种的信息，或者需要水平较低的阅读资料，而如果这个人是一个专家，则会需要一些比较专深的信息。因此要弄清楚用户需要的是印刷型资料还是只需要一份电子版的短篇文章就够了，还是与之相关联的信息都需要。

5.什么时候需要

如果用户只回答说"尽快要"，这对被咨询的馆员来说是不够的，但往往很多人都这样回答，因此最好的方法是直接让用户指明最后期限。明确最后期限对问题能否得到及时解答非常重要，尤其是当被咨询的馆员无法现场解决问题，甚至要寻求其他图书馆或上级机构帮助的时候，就必须要知道最后期限，以便在用户限定的时间内给予尽快解答。

6.用户已掌握哪些信息

如果用户在寻求帮助之前自行检索过，而被咨询的馆员又掌握了检索状况的话，就会大大节约时间、提高效率。因为这些信息能给馆员的解答提供一些相关线索，同时也可避免向用户重复提供他们已掌握的信息。但必须指出的是，在使用图书馆的工具进行检索和查找方面，被咨询的馆员比用户更熟练、更全面，因此应该在必要的时候适当地了解用户的检索情况并提供相应指导。

7.已有信息是在哪里检索到的

此信息也非常重要，因为有可能关系到用户所提出的问题能否得到有效回应。比如当用户需要一本书或一篇文章，但只能通过馆际互借或文献传递方式才能解决时，就需要用户给出相应的线索或完整的引文，因为如果没有资料来源，一些图书馆是不会接受馆际互借请求的。

第四节　服务模式的优化与推广

参考咨询是图书馆的一项核心业务工作，主要是指咨询图书馆员解决用户在使用图书馆资源中遇到各种问题。如今，图书馆参考咨询服务的发展出现了诸多问题，诸如管理制度落伍、技术更新滞后、思维模式陈旧、方向定位偏差、服务方式单一等，旧技术、旧思维、旧治理需要被大数据技术、大数据思维及其治理理念所更替，大势所趋。但是，以云计算为特征的大数据时代正在兴起，数据的获得和分析能力日益提升，图书馆有必要构建以数据信息为基础的参考咨询服务创新机制，通过数据的协调与耦合实现规格、类型、数量等无缝对接，进而提升图书馆参考咨询服务社会适应能力。

一、大数据环境对图书馆参考咨询服务的影响

（一）大数据技术对图书馆参考咨询服务的影响

图书馆参考咨询服务主要是指计算机管理（主要是指文献管理集成系统）、各类电子资源、网络信息资源、读者个人信息等生成的结构化数据，通过参考咨询方式，例如FAQ、BBS、电话/传真咨询、E-mail咨询、表单咨询、实时型咨询（QQ在线咨询等）、图书馆微信公众号、微博等，解决用户提出的各种问题，但传统图书馆参考咨询服务中面对面咨询和信函咨询除外。参考咨询方式产生的半结构化数据，在图书馆咨询台留下的各种痕迹（阅读、查询、搜索、存储等）以及

咨询过程中呈现的视频和音频信息，均是非结构化数据。以上种种数据与大数据技术息息相关，正在逐年增加。可见，大数据技术对图书馆参考咨询服务不同类型的数据产生了深远影响。主要表现为图书馆参考咨询中数据存储与大数据存储能力难以匹配，数据处理需要应用大数据技术，提升了参考咨询的组织能力、分析能力和储存信息能力，将信息安全提上了日程，涉及图书馆机构组织的知识产权、个人的知识产权、个人隐私等信息安全问题亟待解决。

（二）大数据思维对图书馆参考咨询服务的影响

大数据是一种技术革新，一种方法论，更是一种新思维方式，业已被广泛运用于社会生活的各个领域，逐渐成为重要的生产因素。它既体现在数量、组成分布、数据结构上，又体现在价值上。可见，大数据具有类型多、速度快、容量大、价值高等特性。大数据发展到今天，突出了思维的转变作用。传统的思维模式表现为发现问题—分析问题—解决问题，属于典型定式的、因果的思维模式，在很大程度上禁锢了人们的思想。大数据的出现颠覆了人们的思维方式，面对浩如烟海的数据，先因后果，或先果后因，均不能找到解决问题的正确方法，于是人们以相关关系替代了因果关系，促使人们的思维发生质的变化。

大数据思维是基于多源异构和跨域关联的海量数据分析产生的数据价值挖掘思维，进而引发人类对生产和生活方式乃至社会运行的重新审视。思维是认识过程的高级阶段。大数据思维以感知的技术为基础，.超越了大数据技术的界限，包含思维态度，以及人们思想上对大数据的认识和重视。思维方式，大数据思维范畴。大数据思维的丰富完善是驾驭大数据和实现其价值的关键。

其内容主要包括从普适性的角度指导大数据实践应用方法论，为大数据应用实践提供理论依据和指导。可见，大数据思维的本质在于激活数据价值和释放数据潜能。其特性具有开放性、规律性、无偏性、关联性。同时，大数据思维的开放、采集、连接和跨界的属性，极大地提升了互联网知识的易取性、快捷性与精确性，以至于用户知识获取方式几乎完全颠覆以往通过完整的专业文献收藏所形成的学科文献提供能力和依托专业工具书所形成的学科问题咨询能力。这就需要图书馆有思想准备，重新思考参考咨询的核心竞争力，构建大数据时代下图书馆参考咨询服务新体系。所以，图书馆参考咨询服务本质上是图书馆对参考咨询服务发展规律的新认识和新理解，是对自身和服务作用的新定位，应打破思维惯性，导入大数据思维，注重内涵，注重质量，以辩证的态度，针对不同的咨询问题提出最佳咨询方案，解决用户的实际需要。

（三）大数据治理价值对图书馆参考咨询服务的影响

大数据记录了各种社会行为和状态。2012年联合国颁布《大数据政务白皮书》

明确指出，大数据对于联合国和世界各国政府都是一个历史性的机遇，人们可以利用丰富的数据资源实时地评估社会经济，帮助各国政府有效地响应社会和经济运行。可见，大数据的服务价值不断得到突显，通过数据挖掘和应用，从细微的数据中发现不同层面的动态数据，其精细化管理更加明显，能够帮助图书馆馆员科学地分析不同类型的数据，从而捕获潜藏的、有用的知识，大幅度地提高图书馆参考咨询决策效率与效益。

通过大数据的挖掘和分析，揭示了数据之间的相关关系及其隐藏的规律，为图书馆参考咨询决策者提供一定参考。同时，大数据能够揭示规律，面对未来具有良好的预测能力。大数据的预测功能是基于海量历史数据和实时动态数据而形成的。通过云计算和特定的预测模型，去推测未来某件事发生的概率；通过对数据的整理与分析，可预测达到用户下一步的需求。所以，大数据价值具体包括强化科学决策化、增强过程控制以及提升预测能力等。

二、大数据环境下图书馆参考咨询服务创新机制研究框架

以数据驱动图书馆参考咨询服务创新决策，是图书馆参考咨询服务创新机制的核心。伴随着大数据的飞速发展，数据逐渐成为图书馆参考咨询服务创新的重要资源，依次形成了需求数据预测、过程数据监测、数据反馈及支持决策等不同阶段。不同阶段所产生的数据呈现大规模、实时、多样化等特性，对图书馆参考咨询服务创新具有重要的应用价值。

图书馆馆员或用户在获取所需要数据的基础上，将大量异构数据（结构化数据、半结构化数据、非结构化数据）融合、吸收、重构，通过大数据技术验证和论证，即数据分析（机器分析、数据挖掘、统计分析），形成数据驱动，即需求数据预测、过程数据预测、数据反馈、支持决策，逐次递进，环环相扣，共同作用于图书馆参考咨询服务创新机制，促使数据转换为知识，并通过图书馆馆员或用户大脑知识加工的智能过程，完成显性知识和隐性知识之间的多次螺旋往复的转化作用，最终产生具有创新性的新知识，解决用户的知识咨询需要，提升图书馆参考咨询服务创新绩效。数据软硬技术因子的优化使图书馆馆员利用数据的能力增强，数据工作专业性增强，复杂性增加，促进了新的数据的产生。

三、大数据环境图书馆参考咨询服务创新机制实现路径

（一）强化需求数据预测

用户在使用图书馆过程中遇到问题时，才会向图书馆馆员发送咨询请求，被咨询的馆员根据实时数据展开的咨询服务，无论从规格，还是数量上，均具有滞

后性。因此，图书馆参考咨询服务要有适当的超前意识。要以大数据为基础，加强用户研究，包括用户需求层次、咨询频率情况、咨询内容等，强化需求数据预测，为用户后续的需求提供准确、及时的帮助。图书馆参考咨询服务预测机制的核心即是要馆藏资源、咨询系统与用户（现实用户和潜在用户）匹配，咨询方式与被咨询的馆员匹配的数据关系，通过构建吻合性指标体系，设计观测点，准确把握用户的需求信息，实时动态采集相关数据，例如全国图书馆参考咨询联盟用户咨询频率情况。联盟平台采用免注册，用户通过选择表单咨询、知识咨询、实时咨询台发送咨询需求，咨询结果最终发送到用户电子邮箱或QQ中。谢朝晖在《全国图书馆参考咨询联盟用户需求特点及服务现状分析》中选择了一个月内咨询次数超过10次的用户作为分析对象，共有3508个。咨询数量最多的为月咨询文献526篇次，其次为504篇次，均为同一个电子邮箱。通过这一电子邮箱足以发现用户咨询的规律，预测用户未来的需求。大数据提供了各类数据的收集、分析和研判的技术支撑。例如，图书馆馆员可以利用引文分析法、聚类分析法、专利分析法等，按不同用户的需求提供针对某一具体研究领域或研究问题数据分析服务，从而辅助用户预测研究趋势。

（二）实施过程数据监测

传统图书馆参考咨询服务以目标管理为中心，被咨询的馆员各自为战，自我监督与控制，重心工作为咨询结果评估，强调事后考评，缺乏事中监测，以至于整个咨询过程信息过滤、反应较为迟钝，个别突发问题得不到掌控，易引起用户的咨询焦虑症状。大数据背景下图书馆参考咨询服务注重过程管理，特别重视过程产生的海量数据监测，实时跟踪数据的捕获、遴选。咨询过程中呈现的各种数据，根据用户需求，可随时随地进行咨询方案的微调，达到用户满意为准。大数据背景下，图书馆参考咨询实施过程管理，优化数据整合，展开对数据的收集、分析、挖掘、储存、管理、组合等能力。一方面，图书馆要重视现有的各类数据资源建设，如馆藏文献信息资源、电子资源、经过加工形成的二次、三次网络信息资源等结构化数据；另一方面图书馆也要积极收集用户个人信息、用户与被咨询馆员互动过程所产生的大量半结构化数据、非结构化数据，并充实到数据资源库中。以上不同类型数据，在服务实施过程中开展人为监测或利用动态组合技术监测。动态组合技术可以有效地处理多种来源异构的数字资源，如对检索得到的数据进行分析，包括引文分析、文本挖掘分析等，从中发现新知识、掌握科学发展动态。

大数据背景下，图书馆参考咨询服务建立完善的过程监测因子体系，对各因子的状态数据及时采集和提取，并定期发布因子质量报告，将监测到的因子数据与行业技能要求数据进行动态对比，从而发现问题与不足，为后续咨询活动提供数据支持，例如日常咨询系统。日常咨询包括非实时型咨询和实时型咨询两种服务方式，依托底层数据库搜集日常用户咨询信息，设置权限分级，并且系统与主页"常见问题"联动。后续系统还将标准问题和典型案例进行优先显示。另外，过程检测还应高度重视数据的保密和个人隐私权的保护，进一步完善数据资源的保密机制。

（三）重视数据反馈

用户回访是图书馆参考咨询服务创新的重要组成部分，通过对用户咨询结果数据的掌握，适度自我调整，有利于进一步完善图书馆参考咨询服务创新机制。在传统参考咨询中，咨询台提供用户反馈意见登记簿，面对面接收或电话回访用户咨询结果的满意度。数字参考咨询服务系统均设置用户反馈系统，在用户收到咨询回复后可对咨询结果进行评价。例如，从全国图书馆参考咨询联盟平台"读者来信"中选取的460条用户反馈建议记录，真实反映了用户使用平台的感受，有助于联盟改进工作方式。数据反馈涵盖了咨询内容的深度与广度、咨询时间延时与快捷、系统的便捷性使用、被咨询的馆员服务意识等，主要涉及资源建设和回复实效两个方面。大数据和云计算的综合应用，让参考咨询服务数据反馈收集要坚持完备性、关联性和连续性等原则，在更大的数据环境中审视用户咨询需求，技术上可以实现即时动态和全程跟踪，及时收集完整的数据信息，注重数据关联性，尤其是多种异构数据，进行全程、连续、不间断的数据收集，形成一个完整的数据链，解决用户的实际问题。

（四）建立数据驭动决策机制

大数据正在改变传统的直觉和经验式决策模式，数据驭动决策机制日益受到决策者的重视。由于传统参考咨询服务与数字参考咨询服务日常咨询总是累积大量的数据，不能简单地看待这些流水账的数据，经过一段时间总会发现一些变化，这为图书馆参考咨询服务通过咨询数据支持图书馆决策提供了数据基础。例如图书馆参考咨询联盟平台精心设计了数据仓库和管理平台。这是数据决定决策的重要基础，设置资源共享排行、图书馆排行、咨询员排行、质检员排行、实时咨询统计、读者留言、读者来信等栏目，通过管理平台，定期对不同层面和视角的数据源展开收集、分类、整理，尽量保存历史和即时数据状态，遴选出有价值的数据，及时提供给管理层，为管理层下一步决策做参考。

第七章 数字信息环境下的图书馆服务

移动互联网时代，各类移动终端设备得到了迅速的普及，借助智能手机等移动设备让在线阅读十分便捷，移动阅读成为了主流趋势。如今越来越多的人习惯在候车、等人的间隙拿出手机，在线搜索感兴趣的阅读内容。智能语音、云计算、虚拟现实等高新技术的进步，更是推动了数字出版的发展，让移动阅读资源更加丰富。对于普通读者而言，借助移动终端获取数字化出版物，不仅节省物理空间，而且方便快捷，相比纸质阅读优势显著。移动阅读尤其是手机阅读的发展，改变了广大读者的阅读方式与习惯，给图书馆等信息服务机构带来了巨大冲击。作为信息的存储与传播机构，图书馆需要充分发挥自身优势，顺应移动阅读时代发展趋势，构建符合读者移动阅读习惯的服务模式。本章内容包括图书馆服务的竞争力：移动阅读、移动阅读对图书馆服务的影响、图书馆移动阅读服务的实践探讨、图书馆移动阅读服务的创新发展。

第一节 数字信息环境对图书馆服务的影响

一、移动阅读的兴起

所有借助无线网络访问下载所需资源，或通过智能手机、平板电脑等移动终端进行阅读的行为都被称作移动阅读，如利用微博阅读文章、通过新闻客户端获取新闻资讯等。移动阅读是一种新型的阅读方式，依托电子产品存储量大、信息搜索迅捷的优势，可以为读者展现丰富的阅读产品，输出图像、声音、文字等多样化的资源。移动互联网在潜移默化中改变了我们的生活方式，让移动阅读成为我们的日常习惯之一。

移动阅读是对数字阅读的拓展，特别是数字化出版、电子纸技术的发展，使得移动阅读载体增多，吸引了更多人加入移动阅读队伍中。利用移动阅读设备，读者可以随时随地掌握最新信息，相当于拥有了一个移动的图书馆。

二、移动阅读的特点与优势分析

与纸质阅读方式相比，移动阅读具有阅读方式灵活化和简便化、阅读内容浅表化和多样化、阅读时间碎片化，以及阅读成本低廉化的特点。移动阅读充分发挥了移动互联网的互动功能，读者可以主动参与，根据喜好选择阅读文本，并通过互联网下载和评论。读者之间也可以借助阅读兴趣这个纽带，建立打破时空限制的兴趣小组，实现思想交流与知识分享。如今语言精练的特色语录，引人入胜的短篇评论，在朋友圈得到大量转发，表明人们更喜欢阅读主题鲜明、篇幅短小、信息集中的内容，方式更为多样化，阅读文本也趋于快餐化。由于阅读时间的碎片化，读者选择阅读内容的针对性更强，不再是选择一本厚厚的图书，而倾向于选择其中的某一章节或某段文字，以便提高时间利用率。

三、移动阅读对读者行为产生的影响

移动阅读为人们获取信息提供了丰富的渠道，让阅读资源无处不在，改变了人们传统的阅读习惯。如今更多的读者倾向于数字化、碎片化的阅读方式，在线阅读花费的时间增多，阅读也朝着浅表化、功利化的方向发展。

一是在线阅读时间增加。各类智能终端设备的普及，各种数据库资源的开放共享，为人们获取信息提供了便利，也使得广大读者在线阅读的时间逐渐增多。研究表明，超过20%的大学生每天在线阅读的时长超过1小时，超过40%的大学生每天在线阅读的时长超过半小时。移动互联网技术加快了信息传输的速度，微信、微博等的信息交互功能，让广大读者可以在线交流、转载、评价感兴趣的内容，同时图片、视频、文字等多样化的阅读类型，带给读者更加直观、立体的阅读感受，这也在无形中提高了用户的黏度。移动阅读时代很多信息机构也推陈出新，如图书馆购买国外优质的电子资源、出版社对知名网络作家的作品进行包装宣传等，这些阅读资源吸引了读者的眼球，让他们愿意花费更多时间上网浏览信息。

二是碎片化阅读成常态。现代社会生活压力增大，生活节奏逐渐加快，人们很少有时间完整地阅读一本图书。而利用移动终端设备进行碎片化阅读，是当下很多上班族的新选择，这成为他们掌握新闻资讯、学习新知识的重要途径。简短的教学视频，短小精悍的微信公众号文章，方便人们在候车、茶余饭后进行碎片化阅读，丰富了人们获取信息的渠道。加上微博、微信等即时通信工具的应用，不同群体之间的信息交互，让具有相同爱好的用户聚集在一起，形成特殊的网络社群，这使得信息机构可以对受众群体细分，使阅读资源的推送更为精准高效。

三是阅读内容功利化。阅读是人们获取知识、增长才干的重要方式，有助于开阔人们的视野，启发人们的思考，也可以解决工作、生活中常见的问题。然而如今很多人开展的移动阅读活动具有功利性，认为所获取的信息必须要对自己有益。这样的想法与认知，势必会导致移动阅读朝着功利化的方向发展，促使社会上出现很多质量不高的书籍。从阅读内容来看，更多的人会选择短视频、新闻资讯、网络小说等，而选择在线阅读经典名著的用户越来越少。很多人的阅读内容更偏向于休闲娱乐化，希望通过阅读解决实际问题，鲜有开展深层次、专业化的阅读，这对于营造良好的在线阅读环境是不利的。

总之，移动阅读时代的到来，开阔了人们的思维，给纸质媒体带来了巨大冲击。移动阅读拥有庞大的用户群体，有着超越传统阅读的趋势。移动阅读让读者选择增多，手持移动终端成为获取信息的主要工具，提高了阅读的便捷性与高效性，有助于信息机构借助大数据技术掌握用户偏好，提供高精准度的服务。移动阅读的发展，使得纸质资源的使用量减少，这与我国倡导的绿色环保理念不谋而合，客观上起到了保护环境的作用。

第二节　数字信息技术在图书馆服务中的应用

移动阅读改变了用户的阅读习惯，对图书馆传统的阅读服务方式提出挑战，促使图书馆重新审视自身定位，客观认识现有服务与用户需求间的差距，以便调整自身，更好地适应新时代发展的新要求。

一、改变用户需求

图书馆为用户提供的传统纸质阅读方式，与移动阅读在类型、方式上存在较大差异。移动阅读不受时空限制，属于快餐式阅读，形式更加随意，内容更加丰富。用户通过移动设备获取的信息，不仅包括原始文献资料，也包括经过多次加工、筛选与挖掘的信息，节省了用户检索专业知识耗费的时间，方便不同用户之间的交流与评论。移动阅读吸引了大批忠实粉丝，使得图书馆传统的阅读服务逐渐丧失吸引力，这就要求图书馆不得不改进服务方式，以满足用户的移动阅读新需求。图书馆也有必要在服务理念、服务设施上进行变革，掌握用户需求的变化趋势，借助移动信息技术提供虚拟交互式阅读环境，让信息服务更加个性化。

二、改变馆藏资源结构

移动阅读以便捷、高效、信息量大的优势，受到广大读者的推崇，使得很多读者不再依赖于图书馆纸质文献，而倾向于借助互联网检索信息。这就导致图书馆的纸质馆藏利用率降低，促使图书馆采集更多数字化资源，以适应用户的移动信息服务需求。在移动阅读环境下，读者对图书馆提供的文献类型也有新要求，不再局限于专业文献检索，而是涉及人文、时政、娱乐等多个方面。为了让读者可以获得更多移动阅读资源，很多图书馆强化数字化资源建设工作，通过与电子出版商、数据库运营商合作，以采集、开发、利用全球信息资源为目标，改变馆藏结构单一的局面，让馆藏资源结构逐渐趋向多元化、系统化。这样的变化减少了图书馆的纸质资源存量，降低了纸质文献采购费用，也让用户可以便捷地在移动终端获取图书馆各类信息资源。

三、改变信息服务流程

图书馆传统的信息服务流程，一般是依据文献采访、编目、传递的流程进行设计的，每个环节的业务内容相对固定。移动阅读不仅改变了文献采访编目方式和图书馆馆藏结构，也促使图书馆设计更为合理的信息服务流程，以适应用户多元化的需求。在移动阅读环境下，图书馆用户希望信息检索更加智能化、个性化。为此，很多图书馆借助大数据、人工智能等新技术，对用户数据进行全面分析，在挖掘用户个性化需求基础上，做好信息服务流程的重构工作。为满足不同层次用户的需求，弥补单个图书馆存在的不足，很多图书馆纷纷加入区域联盟，旨在促进馆际互借与资源共享，让区域馆藏资源得到合理化配置，实现数字化馆藏一站式检索，为读者提供更多选择，这在一定程度上有助于构建高效便捷的信息共享平台。

第三节　数字信息环境下的服务创新

随着移动互联网的普及，图书馆数字资源的服务形式越来越向手机、平板电脑端发展，实现了阅读资源经典化、碎片化、个性化相融合的移动阅读模式，可以通过 WAP 站点浏览阅读，可以下载 App 客户端进行阅读，可以借助微信进行资源的碎片化、个性化阅读。移动阅读无论是服务形式还是服务内容，都在借助移动服务终端不断增加新的功能，在丰富服务形式的同时，还不断深化、整合阅读资源的服务内容，以随需而动的服务理念契合用户个性化、碎片化、专业化的阅读需求。

一、图书馆移动阅读服务实践的背景分析

移动阅读服务是在数字图书馆技术和移动互联网技术日趋成熟和普及的背景

下新出现的一种阅读服务形式，图书馆移动阅读服务的初期是以数字图书馆资源作为移动服务的底层资源，利用技术实现阅读资源的可移动化，以满足用户对阅读资源的移动浏览、下载和阅读，借助移动终端设备实现图书馆资源服务的可移动化，并探索在移动终端实现馆藏资源搜索、到期提醒、预约借书、续借服务等移动 OPAC 服务，开展图书馆新闻、通告、新书通报等信息服务，但由于可直接用于移动终端阅读的资源十分有限，同时受终端操作系统的限制，初期的移动阅读服务没有很好地解决各类阅读资源的统一检索、统一调度和全文阅读的资源利用问题。

近年来，随着通信技术的进步和智能手机移动终端的快速普及，微信、微博等新媒体运用而生，使文字信息传递不再是简单的短信文本，而是丰富的图像、声音并茂的文档，这种可以显示声音、图像等多媒体信息的传递方式成为人们获取知识信息的重要手段，图书馆利用这些新媒体的信息传递方式不断扩展和改造移动阅读服务，进一步提升图书馆移动阅读的服务水平，不但解决了移动阅读经典化、系统化的服务方式，同时还发展了互动化、个性化、碎片化等多媒体的服务方式，极大地丰富了移动阅读服务的实践形式。

二、图书馆移动阅读服务实践的平台

图书馆移动阅读服务依托服务平台的功能以多种形式为用户提供移动阅读服务，目前应用比较广泛，包括在传统移动服务基础上发展起来的移动图书馆、App 移动客户端和微信公众平台嵌入。移动图书馆以图书馆集成管理系统和基于元数据信息资源整合为基础，实现图书章节和主题片段的检索与阅读，不但提供资源的经典阅读、系统阅读，同时着力数据整合的一站式搜索。App 客户端移动服务注重数据中信息和知识的挖掘，利用文本编辑器，屏蔽各种浏览器之间差异，为用户推送相关资源。微信公众平台为阅读资源的移动阅读提供了二维码阅读服务形式，同时提供了图书馆集成管理系统、数字资源的移动服务形式、信息公告，为移动阅读提供信息推广服务。

（一）移动图书馆阅读服务平台的构建

移动图书馆阅读服务的方式是针对特定 IP 范围开放数据的库资源权限，移动图书馆服务平台通过在图书馆 IP 范围内设置代理服务器，利用注册的方式实现阅读资源在移动终端的访问。移动图书馆在保留阅读资源数据加密措施的基础上，将阅读资源转换为适合手机移动终端使用的统一界面，解决了移动图书馆在移动终端广泛应用的技术瓶颈，同时在系统的应用层、业务层和数据层全面整合各种阅读资源的应用与管理，为移动阅读打通技术壁垒。

移动图书馆通过网络平台层、数据资源层、应用支撑层、业务应用层实现图书馆信息管理系统、数据库资源和订阅系统的集成，构建信息交流互动平台。其中移动图书馆与图书馆信息管理系统的集成实现了书目系统与数据库资源的集成，以及移动阅读资源的一站式检索与全文移动阅读；订阅功能的集成包括新闻、图书、报纸、杂志、图片等频道分类，为用户提供多源信息的个性化移动阅读体验。在移动图书馆阅读服务功能模块中，阅读资源的集成实现了数据库资源的统一检索、统一调度和全文阅读。移动图书馆信息互动平台功能主要实现了移动阅读的评论和分享，在阅读图书时可以进行评论、添加心得，通过账号绑定也可以分享给微信、微博等好友。

（二）App移动客户端阅读服务平台的构建

移动"互联网+技术"和新媒体技术的发展，出现了新的资源利用模式，使App移动终端阅读方式得到了广泛的应用，图书馆可以不依赖第三方的移动图书馆，而是由资源的供应商直接提供其资源的App移动端阅读，通过扫描由资源访问网址形成的二维码，即可直接通过手机端阅读资源。

由于App移动服务功能是由各个资源供应商直接提供的移动阅读方式，因而其服务功能的实现方法略有不同，最简单的方式是嵌入到图书馆的微信公众平台，用户不需要授权即可通过图书馆的微信公众平台直接访问其服务模块进行阅读；另一种方式是通过下载App移动客户端，进行注册实现资源的手机端阅读；更复杂的方式是双向授权方式，通过下载App移动客户端后，利用手机号认证获得授权，然后为获得认证授权的账号使用App反向授权PC设备，实现二者的同步阅读。由于嵌入图书馆微信公众平台的App服务系统灵活开放、功能强大及全平台支持，目前在各个图书馆得到了广泛应用，极大地提高了图书馆移动阅读服务水平。

App移动客户端与移动图书馆相比较而言，更加注重对用户使用行为数据的记录与统计，包括日志信息、用户信息、App使用外部环境信息，利用特定的工具对用户在App平台上的阅读行为进行记录，并提供相应的统计功能。

（三）微信二维码碎片化移动阅读服务平台的构建

微信二维码碎片化阅读是随着微信公众平台的发展新兴的一种阅读方式，与移动图书馆和App移动客户端相比，其阅读更加方便，不需要用户安装任何客户端或软件平台，只需要通过微信推文中的二维码识别即可阅读全文。

微信二维码碎片化阅读的主要功能是借助移动互联网平台，将阅读资源内容进行重新分解，为资源个体赋予二维码，并通过微信公众平台将资源个体的内容直接推送到用户手机上，利用微信公众平台的互动功能建立资源交流圈，实现对资源的评论、转发、分享等，使用户从资源的被动接受者转变为资源的主动传播者。

微信二维码碎片化阅读功能的特征是集资源、阅读、社交数据挖掘等功能为一体。在阅读的同时，为用户提供了沟通与讨论的平台，通过二维码的识别次数、评论次数、转发数及分享人数，记录用户对哪本书或哪篇文章感兴趣，从而清晰地掌握用户的资源利用轨迹、了解用户阅读行为，为资源的碎片化、个性化推送提供了基础，通过对用户数据的深度挖掘，实现资源间的关联，同时实现阅读资源数据挖掘与数据分析的无缝对接。

微信二维码碎片化阅读相比移动图书馆和App移动客户端更容易与纸质资源相融合，在移动阅读的实践推广中，既可以通过二维码展示纸质馆藏，也可以利用嵌入纸质馆藏的二维码直接扫码阅读移动资源。

三、图书馆移动阅读服务实践的模式探讨

（一）移动阅读与社交融合

移动图书馆、App移动客户端和微信二维码移动阅读形式的重要特征是将移动阅读与社交相融合，为用户带来越来越多的互动体验，通过移动阅读内容的采集、管理构建移动阅读的价值观，利用移动阅读内容呈现和管理对其进行质量的甄别，搭建移动阅读公共平台模块，与用户形成良好的互动。因此图书馆移动阅读实践推广的一项重要内容就是依托平台与用户进行深度互动，从而推动个性化、互动化阅读。图书馆移动阅读与用户互动的形式主要是通过鼓励用户在公共平台模块进行留言、评论，并利用内容标志进行同主题资源聚类，进一步为用户推送相关资源链接，将移动阅读与社交融合，利用用户的深度阅读实现个性化、互动化阅读。

（二）移动阅读与传统阅读融合

移动阅读以移动互联网为依托，在增强用户个性化、互动化阅读体验的同时，越来越注重与传统阅读相融合，为用户提供立体化阅读模式。图书馆移动阅读与传统阅读相融合的方式是在移动阅读的推广中展示传统馆藏，而在传统实体馆藏中展示移动阅读二维码，从而催生了互为嵌入的立体化阅读模式。常见的案例是在移动阅读推广中，向用户推送资源导读或者全文阅读时，以突出的方式将资源的馆藏信息附带在推广消息下方，同时将资源全文阅读二维码或者App移动客户端二维码粘贴在纸质期刊或者图书上，用户在阅读纸质资源的同时通过扫描二维码可以获取该期刊本期和往期的所有内容及纸质图书的电子版全文。

（三）移动阅读与营销服务相融合

移动阅读在推动个性化、互动化阅读，以及催生新的阅读模式的同时，立足移动阅读终端功能，越来越注重营销服务，利用活动营销来转化、加深、沉淀用户群。目前图书馆活动营销的形式多样化，如以移动终端推广为目的的宣传抽奖活动、以转化移动阅读用户群为目的的专题活动、以加深和沉淀用户群为目的的话题活动。虽然活动的营销形式不同，但其营销定位有3个方面：一是通过线上、线下活动相结合，促进用户互动来推动移动阅读社交关系的扩展，活跃移动阅读氛围，以此扩大用户群；二是以资源为核心进行营销，通过开展与资源契合度高的活动深化资源挖掘、推广，促进用户深度阅读，吸引用户的参与，并形成活动品牌，利用品牌效应提升移动阅读特色；三是注重由用户引导的活动内容，由用户通过话题活动推动营销活动的深入，激活用户潜在阅读需求，借此来传播移动阅读价值观，从而增强移动阅读与用户之间的关系。

第四节　数字信息环境下的服务管理与评估

我国图书馆移动阅读服务开展的时间不长，发展缓慢，服务内容与用户需求也无法有效对接。因此，图书馆要想获得长足发展，必须充分认识移动阅读的价值，提升移动阅读服务技术，丰富与创新服务内容，建立完善的服务模式。

一、完善移动阅读服务技术

图书馆要紧跟移动信息技术发展步伐，及时引入新技术、新设备与新方法，做好移动阅读服务系统的开发、建设与维护工作，全面提高移动阅读服务技术水平。目前国内已很多企业可以提供移动阅读服务系统，如江苏汇文软件公司研发的移动图书馆系统。图书馆可以与这些企业合作，共同开发符合自身需求的服务系统，也可以借助既有的科研资源自行设计，积极开发移动阅读服务客户端，并为到馆用户提供平板电脑、电子书阅读器等，让更多的用户享受便利的移动阅读服务。目前很多图书馆仅能够提供馆藏检索、读者信息管理等基础性服务，既有系统提供的移动阅读资源相对有限，服务功能单一，还不能称之为真正的"移动图书馆"。为此，图书馆在处于开发设计移动阅读服务系统阶段时，要做好用户信息的全程跟踪分析工作，结合用户的反馈改进服务方式，让服务系统具备移动检索、位置服务、个性化定制、信息导航等多样化功能，让服务系统更趋完善。

二、丰富移动阅读服务内容

为广大用户提供丰富多样的阅读资源，是图书馆提升用户移动阅读体验的必然要求。如今很多人使用移动阅读仅是为了休闲娱乐，使得网络文学、短视频等受到追捧，也吸引了数量较多且稳定的用户群体。图书馆若能够对用户感兴趣的网络阅读资源进行整理，筛选有特色的阅读资源作为移动阅读的主要推送项目，势必会提高读者的关注度。同时图书馆需要根据不同群体的特点，推送具有个性化的服务内容，并利用微信、微博等平台增进与用户之间的交互，进一步提高用户的参与度。例如华东政法大学图书馆借助微博平台，设置"诗情画意""书香华政""每日一读"等阅读推广主题，定期为用户推送图文并茂的阅读内容，受到广大师生的一致好评。

三、建构智能化阅读服务模式

在移动互联网环境下，图书馆的移动阅读服务不再局限于简单的信息推送，而是要求在信息多向交互的基础上，深入挖掘用户的个性化需求，提高服务系统的智能化水平。移动阅读的智能化，将是图书馆移动服务的必然趋势。图书馆应该积极搭建多样化可以交互平台，如微博、微信、官网App等，一方面可以获得更多用户的信息数据，另一方面可以引入人工智能技术，实现对用户行为数据、意见建议的聚合分析，准确把握不同用户的需求。图书馆要大力开发智能化服务系统，主动寻求与高新技术企业的合作，引进更为智能化的移动阅读设备，开发更为便捷的图书馆客户端，不断拓展服务渠道。图书馆也需借助计算机智能技术，结合用户的检索、阅览、咨询等行为数据，建立不同群体用户的移动阅读行为模型，分析用户的移动阅读特征和需求，并为他们提供个性化定制、参考咨询等服务。

在移动信息技术高速发展的背景下，移动阅读的发展，在给读者带来多样化选择的同时，也对图书馆传统借阅服务带来了巨大冲击。图书馆利用适宜的信息技术，制定合理的移动阅读服务流程，通过与企业合作搭建移动阅读服务平台，不断丰富移动阅读服务内容，从而吸引更多用户参与，这是促进图书馆移动阅读发展的必要手段，也是图书馆助力书香社会建设的必然途径。

第八章 图书馆服务模式的国际比较与展望

在当今世界，科学技术日新月异。各种各样的新理论新知识陆续登场。专业性强、理论水平高的图书资料为广泛的教学、科学研究和社会生产提供服务。图书资料是相关人员进行科学研究和教学的重要知识库。搞好图书资料管理，对促进中国科学技术的进步有重要现实意义。本章内容包括图书资料管理的重要性、信息化技术与图书资料管理创新、知识创新与图书资料服务平台构建、图书资料服务助力科研发展的创新思考。

第一节 国际图书馆服务模式比较

新时期，人们对知识的需求更加迫切。图书资料是人们获取知识和信息的重要来源。图书资料管理水平的高低直接影响着读者的阅读满意度，在信息技术发展和应用速度迅速提高的背景下，阅读资料的有效应用和效果直接影响着读者的阅读满意度。

图书资料管理必须依靠信息技术的优势，积极运用图书资料管理的日常流程，改革和创新图书资料管理模式，确保图书资料管理的效率和水平。在这种背景下，读者自然可以获得更好的阅读体验。同时，如何改革现有的图书资料管理模式，是每个图书馆在实际工作过程中必须注意的问题。

图书资料不仅在各行各业发挥着重要作用，而且还关系到这个行业的生存和发展，特别是科研机构和教育机构。作为社会公共服务体系的重要组成部分，基层图书馆和资料室在各种服务和领域发挥着作用。在新时期具有一定主动性的情况下，充分发挥现代管理物资的价值，以知识为核心资源和核心动力是当今知识经济时代的主要特征。随着图书馆和资料室数量的不断增加，人们所需的信息和知识也在不断地创新和发展，我们要把握形势，从新的角度来运用知识管理。现在的管理方法是改变知识的先进性，采用积极引进管理的原则，以理论和实际方法加强图书资料室知识的收集、整理、研究和传播能力。图书部门要充分利用人的创新能力、森林功能能力、知识能力和知识，提高全员素质，满足知识创新和经济发展的时代需要。

信息时代，第一生产力是科学技术的创新和发展。科技信息优势必须通过知识管理来建立。我们要保持竞争优势，实现创新发展，不能盲目跟风。要做好图书资产的知识管理，把资料室建设成为信息研究机构，就必须有效地收集与本行业相关的最新动态和前沿知识。这样，才能保证人们的创新。此外，通过减少信息领域的相关投资，可以节省大量的人力、物力和财力。知识管理对互联网的影响是显而易见的。在日益知识化的经济中，人们不能仅凭模型来管理现有的传统。对于纸质档案的不合理管理、

相关资源的利用问题可以通过互联网解决，对于书和资料的管理可以用科学的管理方法和手段。就在新的知识处理中，如果缺乏整理分析资料室收集、整理、分析的能力，会出现各种各样的问题，进而图书馆就会变得没有活力和魅力。图书馆通过物资管理的被动对策引入知识管理，改变被动的信封功能，主动的服务，改革管理理念，将更好的资源提供给读者，同时也能够满足知识经济时代图书资料发展的各种需求，更好地体现图书资料的价值。

第二节　国际先进服务模式的借鉴

信息化技术的兴起与发展，促进了图书事业不断发展。在现阶段我国图书资料管理中，很多图书馆都引进了信息化技术，有利于提升图书资料管理水平。在当前的社会发展中，为了满足社会发展以及人们的需求，必须要改变传统图书资料管理模式，所以当前图书管理人员必须要重点思考的问题是怎样在图书资料管理中应用信息化技术。

一、信息化技术在图书资料管理中应用的意义

（一）有助于推动馆藏资源共享

以前的图书资料很多都是采用纸质形态来保存，馆员的工作压力大，而且对图书馆服务对象的数量进行了限制。在信息化技术迅速发展的背景下，利用互联网就可以迅速获得和传递各种类型信息，现代图书馆的查阅形式和内容都朝着多样化发展，而且从资源独享慢慢变成了资源共享，利用馆藏资源，不仅可以实现不同图书馆资源之间的优势互补，实现资源之间的彼此分享和沟通，而且还能够

对馆藏缺陷进行弥补，减少图书收购的成本。

（二）有助于充实馆藏内涵

利用信息化技术可以突破时间和空间的约束，就图书资料服务来讲，其服务格局具有多层次以及多样化等特征，而且馆藏图书资源有深厚的内涵。首先，运用信息化技术能够获得互联网中大量的信息源。比如，线上数据库以及电子期刊等，读者无需受到时空的约束，在任何地方、任何时间都可以获得所需的信息资源。其次，运用信息化技术，图书馆有了更多的电子文献收藏，可以使传统纸质文献的不足得到弥补。由此可以得出，今后图书资料、馆藏资源将变成电子文献资料和纸质资料并存，也可以避免浪费大量的纸质资料。

（三）有助于完善检索服务

近年来，图书资料数量越来越多，类型也更加丰富，出现了越来越多的信息载体，导致图书资料检索工作很难顺利开展，而运用信息化技术不仅可以完善检索方法，让读者在人机交互界面自动筛选所需查阅的文献资料，利用字段来匹配检索，也可以利用图像匹配等方法进行检索，进而提升检索水平、保证检索结果的准确性。并且可以进一步完善检索环境，运用信息化技术所带来的检索工具，读者不需要在特定的图书馆中来检索图书资料，可以利用互联网实现远程登录，以获得和检索信息。

二、信息化背景下图书资料管理面临的挑战

（一）信息技术带来的挑战

随着科技的不断进步，让人们有了更多获得资料信息的途径，促进社会信息化发展，然而网络和计算机的普及应用直接影响到传统的图书馆，尤其是对用户数量造成了重大的打击，用户流失情况普遍存在。尽管就图书馆管理来讲，图书馆有着明显的优势，然而无法满足现代人对信息获取的实际需求。因此，要想解决人们查找资料的问题，必须要利用网络来快速找答案，这就造成在图书馆中不能充分使用图书资料，也影响到图书馆的综合效益。

（二）图书馆工作操作面临的挑战

在计算机技术不断普及的背景下，图书馆的业务流程也趋向于网络化形式。从某个角度来看，利用计算机技术使图书馆工作操作模式有了翻天覆地的变化，便于图书馆开展各项工作，而此变化对图书馆的综合能力提出了越来越高的要求。不仅要求馆员了解专业知识，还要具备较强的计算机技术，可以利用网络做好采购以及服务活动。在时代发展的背景下，图书馆资料的要求也会影响其发展，导

致图书馆没有足够的资金来选拔人才，而且不能针对在职人员开展专业培训，这样也不利于促进图书馆信息化变革。

（三）图书馆管理制度面临的挑战

随着社会的不断进步，使人们对图书馆数字化提出了更高的要求，这就要求图书馆必须要转变自身传统的管理制度，促进图书馆信息化发展。然而在图书馆中有很多传统形式的资料，在图书索引上缺乏较高的效率。因此，在管理制度改革过程中，必须要将纸质图书资料变成电子形式的信息资料，然而此项工作具有很大的难度。此外，在数字化图书馆建设中，必须要根据图书馆的实际资源情况，科学编制图书馆的管理工具和应用界面，这些问题都必须依靠图书馆的信息化发展，才能得以实现。

三、信息化技术在图书资料管理中的应用领域

（一）信息化技术应用于文献检索中

现阶段图书馆有很多图书，其标准参差不齐，缺乏统一性，图书资料没有科学有效的管理，如有些图书馆因为自身条件的约束，通常都是采用套路数据的方式，将自建数据作为辅助，造成使用进度落后于编目进展。因此，将信息化技术运用在文献检索中是图书馆发展的必然趋势。

（二）信息化技术应用于文献分类中

在图书文献资料分类中应用信息化技术，应遵循系统的分类原则，采用这样科学分类图书资料，才会达到自动化的目的。现如今，采用的文献资料分类专家系统，主要包括中文地质资料以及文献资料等分类系统。文献资料系统利用计算文献向量之间的近似度，将近似度偏高的文献准确归类。评价模式是以人工评价为主，评价结束后利用信息化技术输进知识库，将此作为重要依据，成为二次分类文献资料。而中文地质资料系统是基于DOS环境，利用GCLPS软件制作，其特征是采用产生式表示法，其模仿《中国图书资料分类法》的分类思维方法以及分类原则[①]。

（三）信息化技术应用于图书资料管理自动化中

目前，我国各行各业都普遍运用信息化技术，比如，日常生活中经常见到的是自动导向车系统。在汽车制造领域中应用信息化技术，可以迅速提高汽车运输水平，减少能源消耗，而将自动化技术在图书馆中应用，如将ACV离散控制技术

---

①宋鑫.信息化技术在图书资料管理中的应用［J］.信息记录材料，2021，22（04）：127-128.

运用于图书馆中，合理设置智能小车，要求其完成图书定位以及搬运工作，这样不仅可以提高图书馆的工作效率，还减少了人力成本。具体来讲，通过应用智能小车，无需顾虑图书位置，让小车可以自由行走，准确定位小车，就可以使小车做好图书搬运工作。要想提高工作效率、避免图书馆严重影响小车运行，可以将新标定位安装于智能小车中，以减少书架对小车作业的影响。

四、图书资料信息化管理的措施

（一）增强管理者的综合能力

要想确保图书资料管理工作可以正常进行，对管理者的专业素质提出相当高的要求，有关部门在选拔管理者时，必须要充分考察应聘者的各个方面。比如，计算机操作能力、职业道德等，选出与企业发展需求相符的优秀人才。首先，应该尽可能提升图书资料管理水平。其次，必须要确保图书资料信息的准确性和完整性。同时，有关部门必须要定期或者不定期对管理者开展专业培训教育，以确保管理者可以迅速适应信息化管理的发展趋势。

（二）注重网络安全管理

在图书资料管理工作中，增强网络安全管理是必不可少的重要环节，其关乎图书资料的安全性，所以需要对网络安全管理引起注重。

其一，有关部门必须要积极推进资料数据库建设，通过利用资料数据库，对图书资料进行科学分类。

其二，必须要重视人力资源和财力的投入，确保数据库可以稳定运行。

其三，加强网络安全监督与管理。将信息传播范围不断扩大，以加快图书资料信息的传播速度，因为在图书资料管理中通常都是利用计算机技术，有关部门必须要严格监督网络信息，对网络信息内容合理分类，避免网络受到网络病毒的侵害，防止图书馆重要的资料信息被泄露，提高图书资料信息的全面性和安全性。

（三）重视技术的研究和开发，积极引进新的技术

随着科技的日益发展，在信息化背景下，为了可以提升图书资料管理效率，需要从国内外积极引进先进的技术，图书馆自身也必须要重视技术的研究和开发，才能更好地服务于读者。例如，运用数字化集成技术优化整合不同地区的图书资料信息，便于在网络平台上更加全面地查找图书资料，然而当前的图书资料信息化管理在技术上还是存在漏洞，很难更好地服务于每个读者，满足每个读者的需求。因此，在信息化背景下，图书馆工作人员需要注重图书资料管理的技术研究和开发，进一步挖掘图书馆潜在的能力。

总而言之，随着信息化技术的高速发展，当前的图书管理已经进入了信息化

时代，图书资料管理是图书馆的主要工作之一，其管理效率的高低直接决定是否可以满足信息化环境下每个读者的实际需求，这也是现代图书馆必须要深入探究的问题。在图书资料管理中普遍运用信息化技术，可以凸显出图书资料管理的合理性和有效性。

第三节　未来图书馆服务模式的发展趋势

我们现在所处的时代是知识经济时代，在这个时代经济增长的动力源泉是知识的高效应用以及知识创新。知识创新是一项高度依赖信息运动的活动，它通过信息的调节与交流，不断地丰富和充实创新的方法和思路。而一切创新的根本是新知识，创新的第一要素也是知识资源，知识创新的最为重要的功能是知识的生产、应用以及传播。在这个创新体系之中，知识信息搜集、整理、传播与存储的最为重要的基地的文献信息服务机构是图书资料室，也展现出了其重要性。而在教育系统之中，知识的创新更是尤为重要，因此，构建图书资料服务平台也具有非凡的意义。网络环境现在对于高校图书馆的影响越来越大了。而这样的影响也就决定了建立高校图书馆网络信息资源服务平台的重要性与必要性。随着计算机、材料科学以及现代技术的发展，信息也已经不再通过单一的纸质文献进行传播，而更多的是利用电子文本的形式，同时借助于光盘、网络等的媒介，出现在大家的视野中。网络传播信息的速度以及数量优势让传统图书馆的馆藏结构发生了变化。

在这个日新月异的时代，知识都是不断创新的，想要将这种创新的知识提供给读者，就必须要建立网络环境下的图书资料服务平台，也可以通过这样的媒介将这些新知识带给读者。我们也能够从这里看出知识创新与图书资料服务平台的建立的密切相关。

第一，在知识创新中图书资料工作发展的必然趋势是知识服务。知识创新对于知识信息有着非常强烈的需求，正是这样的需求才为图书资料工作的开展提供了非常广阔的空间。在不断变化的信息环境之中，图书资料室想要不断发展以及保证自己的生存，那么就必须要在机遇到来时抓住机遇，不断地发展知识服务，只有这样才可以在信息机构的冲击和挑战之中站住脚。图书资料工作向知识服务方面的发展与延伸，是图书资料工作向知识化、信息化发展的必然结果，也同时是发展过程中最内在的需要。

第二，信息环境与知识创新对于传统的图书资料工作产生了强烈的冲击。现如今，信息资源越来越趋向数字化，信息系统越来越趋向于虚拟化，大家对于信息的获取与检索已经变得越来越简单、越来越方便。也正是因为如此，信息服务已经非中介化，图书的传统业务工作已经趋于非智能化和专业化，这些都导致了传统的图书资料工作的智力内涵以及技术内涵都相对下降。在信息技术与市场经济的驱动之下，各类网络化信息服务所主导的虚拟信息系统正在将全面的信息服务（包括文献检索、收藏与传递）直接就提供给最终的用户，各类网络化信息服务系统也渐渐地保证了网络信息服务的主流地位，这些都导致了信息服务市场和学术信息交流体系的重新组合。

第三，在知识创新的同时对于图书机构能够开展知识服务提出了具体要求。图书资料室的最基本的职责就是为用户提供服务。现在社会经济结构不断发生变化，知识经济占社会经济的最重要位置，社会的需求也相应地发生了比较大的变化，知识总量也不断地增加着，同时用户自身结构也相应地发生了巨大的变化。随着用户信息需求的相应增加，网络环境下的图书室的存在形态也随着发生着变化。在信息资源的采集、信息服务、管理模式以及信息加工等方面，图书资料室也都将发生更加深刻的变革。用户迫切需要内容新颖全面、形式多样、类型完整、来源广泛的信息，不再满足于单一的馆藏信息服务。我们能够从这些需求之中看出，这些综合化的、全方位的信息需求根本就不可能是仅仅一个图书馆就可以满足的。我们需要很多其他信息单位通过共同协作来完成信息资源的共享与共建。同时用户还需要网络化、信息化的信息，这些都迫切需要图书馆对于文献信息资源迅速实现网络化以及电子化的组织工作进行加强。我们需要通过对知识信息进行分析、整序以及综合，演变为最新的序列化的知识单元，为用户提供最为便捷的服务。

第四，满足知识创新图书资料服务平台的层次构成。满足知识创新图书资料服务平台的层次构成大体上分为信息资源层、支持环境层和应用服务层。图书资料机构开展信息服务的基础便是信息资源层、信息资源建设需要确立共享范围、增加采集的范围，并通过选择深层次的处理与加工，来满足知识创新用户各种各样的需求。我们可以通过依靠网络信息资源、文献资源，以及以文献资源的网络资源为基础而加工形成的文献数据库、节目数据库、事实数据库和全文数据库来完成上面的需求。支持环境层是支撑服务平台运行以及存在的最基本条件。它包括技术支持环境、网络设施环境、管理机制以及其他的支持环境。

第五，对于知识创新与图书资料服务平台的探讨与总结。图书资料服务平台能够将不同学院、不同地区、不同国籍等的知识进行密切联系，为知识的创新与传播提供媒介。我们也能够看到，正是因为有了图书资料服务平台，知识的创新速度也才会随之加快。也同样是因为有了图书资料服务平台，知识经过创新之后所形成的新的知识系统才会更快地被大家所接收、理解、吸收。知识创新与图书资料服务平台之间有着非常密切的联系，二者相互促进，相辅相成。探讨知识创新与图书资料服务平台有着非常重要的意义。

第四节　图书馆服务模式的全球视野与本地实践

一、图书资料在科研中的地位和作用

（一）图书资料在科研中的地位

图书资料是一种重要的信息资源，科研单位的图书资料包括其下属图书馆的藏书、刊物及资料室收集、加工的资料、文献等一切对科研有用的信息材料。图书资料是科研人员从事研究的第一手资料，是科研的知识信息支柱和强有力的后盾，其质量和服务直接影响科研工作的开展及科研成果的水平和质量。可以说，图书资料是社会科学研究的基石和重要保证。

（二）图书资料对科研的作用

图书资料影响着科研各个阶段的工作进展。合理地利用图书资料，提高科研工作的效率，有利于科研人员花较少的劳动取得更优的学术成果。在这个飞速发展的信息时代，谁占有大量的信息资源，谁就在激烈的科研竞争中占据优势。

在科研的准备和选题阶段，图书资料能启发科研人员的思路，为制订研究计划提供依据。对其准备的课题，科研人员既要了解其历史沿革和背景情况，还要掌握它的发展方向和趋势。只有通过全面查阅、系统研究与选题有关的文献和目标问题的综合情况，才能制订出科学可行的研究计划，避免滞后或重复研究。

在科研工作的进展中，科研人员一方面要通过开展实地调查，收集大量的原始资料、数据，并对其进行加工、处理；另一方面还需要经常查阅、利用图书资料，在了解前人的研究程度和尚未解决的问题的基础上，再进行自己的独立思考的分析研究。

在结题阶段，科研人员要参考和借鉴著作及国内外刊物中关于研究对象的新情况、新问题和成果的相关报道，以作为研究结论的依据和理论支撑。

另外，图书资料还能积累科研成果并加速其的转化、利用和分享。

二、科研新形势决定了图书资料工作的新定位

（一）当前科研形势及对图书资料工作提出的要求

当前，我国处于发展壮大的关键时期，经济、社会发展出现了许多新情况、新课题，国际环境错综复杂，伴随而来的是各种风险和困难。随着改革的深入，诸多深层次矛盾和问题陆续暴露出来。哲学社会科学的使命就是要回答时代提出

的重大问题，解决经济社会发展中关键的、紧迫的现实和理论问题，为党和政府决策提供专业咨询和科学依据。而社会科学研究是一种知识创造活动，不仅具有创新性，在很大程度上还具有累积性和继承性。科研人员既要精通本研究领域的情况和发展趋势，又不能忽视相关专业和有关边缘学科的动向。社会科学研究对象综合性强、涉及面广、内容丰富，研究理论和方法日新月异，加之科研课题有时间和经费等方面限制，社会科学研究的任务重、难度大、要求高，这些社会科学研究的新特性对图书资料信息在存量、结构、实用价值和服务等方面都提出了更高的要求。目前科研工作要求的图书资料信息涉及的学科范围广、内容全、门类多，急需前沿的、学术价值高的文献信息，需要图书资料工作追踪社会科学各个领域的研究动态，辅助科研人员在有限的时间内获得最有效的成果。

（二）图书资料工作的性质和定位转变

图书资料工作具有基础性、烦琐性、服务性、学术性和艰巨性等特征。新形势下，科研机构的图书资料工作要秉承"立足科研，面向科研，以科研为中心"的服务宗旨。简单地分类、整理上架已经不能满足科研的要求，除了保存以往积累的各种资料、数据，收集、整理国内外的图书资料和文献外，还要采集最新的研究成果，进行图书资料的深度加工，对资料进行分辨、筛选、分析研究，把蕴藏其中的学术动态、深层信息提炼出来。通过不断提高服务水平和强度，由单一的借阅服务向情报化、信息化方向提升，及时为科研工作提供有针对性的、系统的、有指导价值的情报分析材料，才能为科研工作奠定坚实基础，保证科研工作的顺利开展。

三、提高图书资料服务水平，促进科研事业发展

在科研机构，图书资料服务读者的过程也就是图书资料人员按照研究人员的需要，用各种手段、以最快的速度对相关学科信息、最新成果、发展趋向进行系统追踪，对科研工作有启发、有益处的，或可支持研究的论据、论点的信息收集、加工并最终传递给研究人员的过程。因此，科研机构的图书资料工作要坚持"科研第一，知识服务"的理念。

（一）做好图书资料的基础工作

图书资料的基础工作是采集和收藏。图书资料的积累首先应根据科研专业内容、任务及学科建设和发展的需要，区别轻重缓急，有目的、有计划、有针对性地收集需要的文献情报资料，形成能找得出、用得上、靠得住的信息支持系统。

第一，保证连续性，做好基础图书资料的储备。收集有长远收藏价值和使用价值的专业参考书和工具书资料，如年鉴、志书，各个时期出版的地方文献及社

科著作、报刊等。收集学术性、专业性强的资料，如统计资料、地方文史资料、民族文化资料、经济社会调查等。这类图书资料是各学科研究的基础，特别能为各种比较研究和时期跨度大的系统研究提供依据和参考。

第二，注重时效性，做好重点学术资料的采集。图书资料室应根据本单位的研究计划来安排购置、整理图书资料的重点。收集与当前研究任务相关的、科研所急需的、能反映最新科研成果和发展趋势、有代表性、高学术水平的正式与非正式出版物，重点应放在专业书刊、文摘、学术论文、科研报告等相关的资料收集上。

第三，兼顾协调性，做好专业图书资料的积累。图书资料室的资料积累要有专业侧重，不要与本单位图书馆藏书有过大重复，要有协调性和互补功能。各个资料室积累的图书资料应以本研究室专业图书资料为主，主要是本专业的经典著作、专业书与工具书，以及主要报刊、目录索引和各学科有代表性的学术刊物，为本研究室的重点课题提供学术动向追踪、论点综述。

（二）围绕科研展开专业服务

随着科学的发展和文明的进步，各种分支学科、前沿学科层出不穷，文献量暴增，载体丰富多样。由此，图书资料工作为科研服务的内容也在相应扩展和延伸。根据服务的程度和针对性不同，可分为普通服务和定制服务。

1.普通服务

科研单位图书资料的第一职能就是为开展科研工作服务。科研人员的研究领域、承担的课题不同，对信息资料的需求也不同。图书资料室要有针对性地收集文献资料，利用图书情报信息知识及其丰富的文献资源优势，为科研工作提供专业化服务。通过挖掘文献中蕴含的各种深层次信息，对分散的不同学科、不同类型、不同载体文献中的知识信息进行筛选分类、整理分析、鉴别提炼、研究归纳、编辑成高水平的二、三次文献。对浩如烟海的资料文献去伪存真、去粗取精，使资料文献由千头万绪变得井然有序，升华为对客观对象真理性的认识。通过不断提高资料的质量和应用价值，方便科研人员在有限的时间内获取较大的信息量，能更多地依靠和利用图书资料工作为其提供的加工成品。

2.定制服务

对省委和省政府安排或委托的重大、紧迫科研任务及科研所承担的国家或地方的重点科研项目应提供专门的"学科馆员"，为课题组提供针对性强的专题定制服务，如开展实地数据采集，对相关纸质工具资料、国家重要数据库、相关网站等信息数据源进行检索、收集、整理及内容分析工作；为项目开展专题情报跟踪，进行文献资料检索、翻译、复制等；对最新的信息进行加工处理，为科研提供专业化、系统化、深层次的知识产品，保证项目从立项到结项全过程随时能得到图书资料方面的支持。

（三）提高服务手段，提升专业素质

科研单位的图书资料人员既要热爱本职工作，也要关注科研事业，乐于奉献，甘为人梯，要从"服务科研"的大局出发，以"服务科研"为己任，不断提高自己的专业能力和职业修养。要做好图书资料采购、技术、情报工作，还要当好研究工作的助手和参谋。

第一，加强与科研人员的咨询和交流，努力提供"有求必应"服务。科研单位的图书资料人员服务的主要对象是从事科研工作的专业技术人员，图书资料人员和科研人员要时常沟通，切忌不闻不问、各自为阵。图书资料人员要主动和研究人员联系，了解他们的研究情况，倾听他们的需求和愿望，并将交流的情况反馈给有关部门，以便准确及时地为他们提供服务，避免服务与需求产生脱节。另外，还要主动向科研人员普及检索知识和方法，处处为科研人员着想，为他们寻找资料创造条件。这样做一方面能提高图书资料的利用率，另一方面还有利于科研人员把大量查找资料的时间节省下来专心从事学习和研究。

第二，主动参与科研工作，为课题研究付出创造性劳动。资料工作和科研工作的有机结合能最大限度地实现互利和双赢。科研人员从事的课题大都是前沿问题，他们要随时了解科研动态，面对来源繁多的资料信息难以逐一过目。图书资料人员通过主动参与科研工作，熟悉本单位的科研进程，能更充分地了解到课题研究对图书资料的需求方向，变被动服务为主动服务。紧紧围绕科研课题研究的问题，将大量零散的信息进行收集、加工，及时传递更为完整、真实、准确的科研理论与实践的信息和动态，揭示某领域某方面的演变趋势甚至是规律，为研究决策提供依据，这一过程实质上也是一项创造性的研究活动。参与研究工作既能保证资料搜集的有用性、有效性和适时性，同时又锻炼了图书资料人员，提高了队伍的业务能力和知识水平，进一步实现了图书资料工作及其人员的价值。

第三，不断提高图书资料队伍的专业素质和能力。科研单位的图书资料人员不仅要具备图书馆学、情报学的知识，还要掌握相关的业务和文史知识。为更好地辅助科研工作，还应熟悉与本单位研究专业范畴相关的学科理论知识，了解和关注一些具有较大影响、具有一定权威的学科代表著作和学术见解。加强信息开发意识和学术动向追踪意识的敏锐度，掌握新技术和管理方法，提高对资料和学术成果的整理、归纳、研究能力，为科研工作提供优质、周到、专业的服务。

总之，科研工作离不开图书资料工作，科研单位的图书资料工作必须紧紧围绕科研工作开展。图书资料人员和科研人员要相互合作、沟通信息，不断提高图

书资料在科研中的服务水平和程度，共同为繁荣发展哲学社会科学研究事业做出贡献。

　　所谓服务是图书馆的永恒主题，就是把服务作为图书馆的办馆宗旨，在任何情况下不动摇、不偏离、不取代图书馆服务；坚持服务是图书馆的终极目标和根本目的，把服务作为图书馆一切工作的出发点和归宿，把服务作为贯穿图书馆一切工作的主线；始终坚持面向读者，读者至上，服务第一。

参考文献

［1］郑巧苓，马艳哲作.公共图书馆创新服务模式与建设研究［M］.北京：中国纺织出版社，2023.04.

［2］杨保华.图书馆管理与服务创新研究［M］.沈阳：辽宁科学技术出版社，2023.01

［3］张志国作.现代图书馆管理与服务创新研究［M］.长春：吉林出版集团股份有限公司，2023.06.

［4］李玮.数字图书馆建设路径与服务模式创新研究［M］.吉林出版集团股份有限公司，2023.01.

［5］张璐著.大数据时代高校图书馆管理与服务创新发展研究［M］.北京：中国商业出版社，2023.01.

［6］程倩，于艳艳著.公共图书馆服务管理创新研究［M］.北京：团结出版社，2023.09.

［7］谭进.图书馆服务创新与信息管理体系研究［M］.北京：中国华侨出版社，2023.03

［8］黄如花，肖希明主编.数字信息时代的图书馆管理［M］.武汉：武汉大学出版社，2023.03.

［9］宋军风，邢奕，张悦作.现代图书馆业务工作与管理新探［M］.长春：吉林文史出版社，2023.07.

［10］张译文作.图书馆管理与服务创新研究［M］.北京：中国商务出版社，2022.08.

［11］朱丹阳.图书馆现代化管理与服务创新研究［M］.长春：吉林大学出版社，2022.05.

［12］杨敏著.互联网时代图书馆学科资源建设与学科服务模式研究［M］.青

岛：中国海洋大学出版社，2022.12.

[13] 李春艳作.新时代图书馆读者管理与服务模式［M］.青岛：中国海洋大学出版社，2022.08.

[14] 刘巧英作.图书馆服务双创的模式设计及绩效评估研究［M］.郑州：郑州大学出版社，2022.08.

[15] 辛莉.图书馆阅读推广模式研究与读者服务优化实践［M］.北京：现代出版社，2022.05.

[16] 王葳.互联网视域下高校图书馆知识生态系统服务模式研究［M］.吉林出版集团股份有限公司，2022.09.

[17] 田晓丽.新媒体环境下图书馆阅读服务模式创新［M］.北京：群言出版社，2022.06.

[18] 周玉英，王远作.5G环境下智慧图书馆的服务研究［M］.北京：北京燕山出版社，2022.09.

[19] 赵丽琴作.信息技术支持下图书馆资源利用与服务创新研究［M］.长春：吉林科学技术出版社，2022.08.

[20] 杨玉娟.大数据时代图书馆服务模式研究［M］.长春：吉林文史出版社，2021.09.

[21] 高伟著.图书馆建设与阅读服务管理［M］.长春：吉林人民出版社，2021.06.

[22] 李蕾，徐莉著.图书馆管理策略与阅读服务创新研究［M］.长春：吉林人民出版社，2021.05.

[23] 宋菲，张新杰，郭松竹编.图书馆资源建设管理与阅读服务研究［M］.吉林人民出版社，2021.10.

[24] 王维玉.图书馆服务模式与阅读推广创新研究［M］.吉林出版集团股份有限公司，2020.06.

[25] 陶洁.图书馆阅读推广与信息服务研究［M］.哈尔滨：哈尔滨出版社，2020.09.

[26] 施强著.大数据、知识服务与当代图书馆学［M］.杭州：浙江大学出版社，2020.07.

[27] 冀萌萌，张瑞卿，崔佳音主编.文化自信背景下我国图书馆的公共教育服务探索［M］.赤峰：内蒙古科学技术出版社，2020.06.

[28] 黎云著.图书馆阅读推广理论与实践探究［M］.南昌：百花洲文艺出版社，2020.01.

[29] 程传超，周卫著.图书馆文化创意产品开发研究［M］.长春：吉林人民

出版社，2020.07.

[30] 过仕明著.图书馆移动服务模式和质量评价研究［M］.哈尔滨：黑龙江人民出版社，2019.01.

[31] 肖三霞.图书馆全民阅读推广与服务模式构建研究［M］.长春：吉林出版集团有限责任公司，2019.10.

[32] 宫昌利著.图书馆服务思维研究［M］.长春：吉林人民出版社，2019.10.

[33] 马利华著.图书馆信息管理与服务研究［M］.延吉：延边大学出版社，2019.05.

[34] 任杏莉著.图书馆管理与服务创新研究［M］.长春：吉林科学技术出版社，2019.10.

[35] 龙渠著.现代图书馆服务与管理工作研究［M］.中国原子能出版社，2019.10.

[36] 董园园著.图书馆服务模式创新研究［M］.长春：吉林教育出版社，2018.07.

[37] 李淳.数字图书馆建设与信息服务模式研究［M］.天津：天津科学技术出版社，2018.01.

[38] 郭燕平，王锐英主编.大数据时代的图书馆信息服务模式变革［M］.北京：中国建筑工业出版社，2018.03.